U0701786

教育信息化背景下
高校英语教学改革模式研究

晁伟红 刘 允 姜 军 著

全国百佳图书出版单位
吉林出版集团股份有限公司

图书在版编目（CIP）数据

教育信息化背景下高校英语教学改革模式研究 / 晁伟红，刘允，姜军著. — 长春 ：吉林出版集团股份有限公司，2023.6

ISBN 978-7-5731-3617-6

Ⅰ. ①教… Ⅱ. ①晁… ②刘… ③姜… Ⅲ. ①英语—教学改革—研究—高等学校 Ⅳ. ①H319.1

中国国家版本馆 CIP 数据核字 (2023) 第 115282 号

JIAOYU XINXI HUA BEIJING XIA GAOXIAO YINGYU JIAOXUE GAIGE MOSHI YANJIU

教育信息化背景下高校英语教学改革模式研究

著：晁伟红　刘　允　姜　军

责任编辑：朱　玲

封面设计：冯冯翼

开　　本：787mm×1092mm　1/16

字　　数：220 千字

印　　张：11.5

版　　次：2023 年 6 月第 1 版

印　　次：2023 年 6 月第 1 次印刷

出　　版：吉林出版集团股份有限公司

发　　行：吉林出版集团外语教育有限公司

地　　址：长春市福祉大路 5788 号龙腾国际大厦 B 座 7 层

电　　话：总编办：0431-81629929

印　　刷：河北创联印刷有限公司

ISBN　978-7-5731-3617-6　　　　　**定价：**69.00 元

前　言

　　信息技术的迅速发展和广泛应用，给教育工作带来了革命性的变化，教育信息化成为发展的趋势，信息化教育成为教育的新手段和新形式，也为学习方式带来了革命性的变化，教育事业的改革也日益深化。信息技术给教育工作带来了全面的变革，对传统的教育思想、教育观念、教育内容、教育模式和教育方式方法都产生了巨大的冲击。教育信息化也成为国家信息化战略的重要组成部分，使得教育思想和观念产生了转变，深化了教育改革，促进了教育质量和教育效益的提高，为创新人才的培养提供了重要手段。

　　本书基于教育信息化背景下对高校英语教学改革模式进行探索，首先介绍了信息技术与信息化教学、大学英语教学基础认知，其次分析了信息化背景下大学英语的研究背景、教育信息化背景下英语教学的理论研究，再次重点探讨了教育信息化背景下英语教学的改革以及现代信息技术与英语教学模式，最后在现代信息技术与英语教学应用方面做出重要探究。

　　本书在写作和修改过程中，查阅和引用了书籍以及期刊等相关资料，在此谨向本书所引用资料的作者表示诚挚的感谢。当然，由于时间仓促和笔者水平的限制，书中不免会有纰漏及不足，在此望广大读者批评指正，使本书能够精益求精，不断完善。

目　录

第一章　信息技术与信息化教学

第一节　信息技术概述

一、信息技术的内涵

"信息技术"这一术语含义十分广泛，而且还处在不断发展演变之中，因此很难给出一个确切的定义。为了方便研究和使用，研究者根据自身的理解对信息技术给出了不同的定义。[1]据目前已有的资料显示，国内和国外的学者对信息技术的定义大致可分为"描述性定义"和"功能性定义"两种。"描述性定义"主要是站在信息技术具体形式的角度来论述信息技术的定义。这类定义主要是观察信息技术的外在表现形式，较为具体形象，容易理解，其不足之处是不够准确。"功能性定义"注重的是阐明信息技术的内在本质或根本作用，其与信息技术可能呈现或利用的物质或能量的具体形式无关。"功能性定义"中比较有代表性的有以下几种：

1. 信息技术以信息的输入、存储、加工和传递为主要内容，致力于用微处理机代替电子机械设备。

2. 信息技术是关于信息的收集、加工、存储、检索、传递、利用的理论和方法的总称。

3. 信息技术是以微电子学为基础，计算机技术和电信技术相结合而形成的技

---

[1]　张学新.对分课堂：大学课堂教学改革的新探索 [J].复旦教育论坛，2014，12(05).

术手段，是对声音、图像、文字、数字和各种传感信号的信息进行获取、加工处理、存储、传播和使用的能动技术。

4. 信息技术一般是指在计算机和通信技术的支持下，用以采用、存储、处理、传递、显示各种介质信息的技术的总称。

5. 信息技术指在计算机和通信技术的支持下，用来获取、加工、存储、转换、显示和传输文字、数值、图像、视频、声频以及声音信息，包括提供设备和信息服务的技术方法和设备的总称。

6. 信息技术指关于信息的产生、识别、提取、变换、存储、传递、处理、检索、分析、决策、控制和利用的技术。

7. 信息技术指一个信息系统在采集、输入、描述、存储、处理、输出和传递信息的过程中所用到的相关技术的总和。

8. 信息技术是指管理、开发和利用信息资源的有关方法、手段和操作程序。

9. 信息技术指人们在生产斗争、科学实验以及认识自然和改造自然的过程中积累起来的获取信息、传递信息、存储信息、处理信息以及使信息标准化的经验、知识、技能和体现这些经验、知识、技能的劳动资料有目的的结合过程。

10. 信息技术是能延长或扩展人的信息能力的技术。

以上对信息技术的定义虽然在表述形式上不一样，但在实质上没有较大差别，都是从功能方面揭示信息技术的本质。

二、信息技术的分类

从不同的角度对信息、技术所包含的基本内容可以对信息技术进行划分，常见的划分标准有如下几种：

1. 根据信息技术是否有实物的表示形式而将其分成"硬"信息技术和"软"信息技术两大类。"硬"信息技术如同计算机硬件一样，是已经转化成具体信息设备的信息技术，如复印机、电话机、数码相机、电子计算机和通信卫星等；"软"信息技术类似计算机软件，是人类在长期信息活动中积累并形成的有关信息采集、处理、检索等的经验、知识、方法与技能，如语言、文字、信息调查技术、信息组织技术、统计技术、预测与决策技术和信息标准化技术等。

2.根据信息技术组成的基本元素可以将其分为感测技术、通信技术、智能技术及控制技术。（1）感测技术：包括传感技术和测量技术。它是人类感觉器官功能的延伸，使人们可以更好地从外部世界提取有用的信息。（2）通信技术：包括信息的空间传递和时间传递技术。它是人类传导神经系统传递功能的延伸。（3）智能技术：包括计算机硬件技术、计算机软件技术、人工智能技术和人工神经网络技术等。它是人类思维器官功能的延伸，其目的是更好地处理和再生信息。（4）控制技术：包括调节技术和自动控制技术。它是效应器官功能的扩展和延长，其功能是根据输入的指令信息对外部事物的运动状态和运动方式实施干预，以便更好地应用信息。

3.根据一定的次序划定的等级可将其划分为主体信息技术和应用信息技术。

（1）主体信息技术：是按照技术的功能区分出来的信息技术，包括感测技术、通信技术、计算机技术和控制技术等。其中，通信技术和计算机技术是整个主体技术的核心部分。（2）应用信息技术：指针对各种实用目的，由主体技术繁衍而生的各种应用技术群，亦即主体技术通过合成、分解和应用生成的各种具体的实用信息技术。应用信息技术广泛渗透到工业、农业、军事、教育、科学文化等各个领域，构成了一个完整的应用技术体系。

4.从信息系统功能的角度可将信息技术划分为信息输入输出技术、信息描述技术、信息存储检索技术、信息处理技术和信息传播技术。

5.按照专业信息工作的基本环节或流程可将其分为信息获取技术、信息传递技术、信息存储技术、信息检索技术、信息加工技术和信息标准化技术。

以上从不同角度对信息技术进行的划分都不是绝对的。在大多数情况下，各行业、各领域人们的研究目的和使用习惯不同，对信息技术也就有不同的划分。弄清了信息技术的划分，可以此作为基础构建信息技术的体系结构。

三、信息技术的发展历程

凡是能扩展人类信息利用能力的技术都是信息技术。伴随着人类社会的发展，信息技术经历了从低级到高级的发展历程，并在此过程中发生了多次重大变革。而每次信息技术革命都对人类社会和科学技术的发展产生了巨大的推动力，而科学技术的进步又会带来新的信息技术革命。

（一）语言的诞生

人类赖以生存的地球已经运转了几十亿年，古猿人大约在几百万年前就已出现，而现代人类只有几万年的历史。自四万年前语言诞生之后，人类社会才获得迅速的发展。语言是一种以语音为物质外壳，以语义为意义内容，音义结合的符号系统。人类把无意义的语音按照各种方式组合起来，使其成为有意义的语素，又把为数众多的语素按照各种方式组合成话语，用无穷变化的形式来表示变化无穷的意义，从而形成复杂的语言系统。在语言诞生之前，人类没有真正意义上的信息交流工具。谁也说不清语言是什么时候产生的，也说不清是哪一个民族最先使用语言的，但可以肯定的是，人类信息交流的迫切需要增加了手势交流的信息含量，方便了人类的生产互助合作，进而产生了语言。语言的诞生可视为人类历史上出现的第一次信息技术革命它标志着人类开始从猿进化成人。语言成为人类早期社会特有的信息交流与加工工具，人类依靠语言表达并辅以动作比画进行信息交流，采用结绳记事的方法记录和存储信息，掐指计算成为信息处理的主要方式。

语言是人类进行思维和传递信息的工具，是人类保存认识成果的载体。但是，随着社会的不断发展，单纯依靠语言的信息交流和处理方式逐渐不能满足信息传递的需要。这种交流方式表达的信息量少，传播范围小，人类在社会生活中积累的经验、发生的事件只能通过口传的方式进行传承，容易失传和失真，限制了当时社会的进一步发展。[1]

（二）文字的发明和使用

在劳动中，人类又逐步发明了文字符号，使人类语言外化，实现了人类信息活动史上的第二次变革。信息的符号化，虽然并没有使人类的信息处理发生实质

---

[1] 杨淑萍，王德伟，张丽杰．对分课堂教学模式及其师生角色分析[J].辽宁师范大学学报（社会科学版），2015，（09）.

性的变化，却使人类的信息传递和存储发生了革命性改变，第一次超越人类自身的生理局限和时间、空间的限制。以前仅靠口传或图腾记录方式流传的故事和生产生活经验，现在可以用文字准确地记录下来。

（三）造纸和印刷术的发明和使用

早先的人们用甲骨、木竹简等记录文字，以保存信息，但这种方式笨重麻烦。东汉蔡伦以树皮、破布、废麻之类为原料，制成了质量较好的纸。这种造纸技术一直沿用到18世纪。当纸得到广泛应用后，手书的效率低的问题就突出了，所以印刷术作为扩展与延伸人类手写信息功能的技术，理所当然地出现在最早发明纸张的中国。最早的印刷术是隋唐时期的雕版印刷术。北宋年间毕昇又发明了活字印刷术，基本解决了信息传播的效率问题，完成了人类历史上新的信息变革。印刷术的发明，使人类信息（特别是文字和图画信息）传递的速度和范围急剧扩展，人类存储信息的能力进一步加强，并初步实现了广泛的信息共享。可以说，印刷术的出现是这个时期信息技术最耀眼的成就，它使文字信息的复制方法从低效率的手工抄写飞跃到大批量的印刷，造就了信息处理技术的第一次飞跃。

有了规模浩大的信息储存载体和记录工具后，人们开始以书信这一崭新的更加有效的方式传递信息。除此之外，在古代人们还广泛地使用其他手段，如用漂流瓶、信号标等进行信息传递，用壁画、图形等存储有关信息。

（四）现代通信技术的产生

19世纪，电话、电报、广播、电影、电视等现代通信技术和传播技术相继问世，使人类进入利用电磁波传播信息的时代，标志着信息技术发生了新的革命性的变化。电话、电报弥补了古老的邮政制度下信息传递速度缓慢的缺陷，延展了呼喊、烽火等传递信息的距离，为人类提供了简便、快捷、直接传递信息的手段，使信息能瞬间被传递到几万公里以外。广播、电影、电视的信息传播采取的是"一对多"的信息广播传递方式，明显有别于电话、电报和邮件的传递信息形式。这些技术的诞生开创了信息传播技术的新局面，使信息传播的范围拓宽了，信息获取的时间缩短了，人们可以在众多的信息中选择所需的信息，大大开阔了视野。

通信是人与人之间通过某种媒介进行的信息交流与传递。从广义上说，无论是采用何种方法，使用何种媒质，只要将信息从一地传送到另一地，均可称为通信。通信技术是扩展人类信息交流与信息传递能力的技术。现代通信技术则是指采用最新的技术不断优化通信的各种方式，让人与人的沟通更加便捷、有效，它随着科技的不断发展而发展。现代数据通信技术主要有数字通信技术、程控交换技术、信息传输技术、通信网络技术、宽带接入技术等。自20世纪后期以来，现代通信技术得到迅猛发展，手持移动通信设备正以惊人的速度普及。"任何人可以在任何时间任何地方同任何人通信"的时代已经到来。进入21世纪，移动通信逐渐成为全球信息高速公路的重要组成部分。

（五）计算机技术与互联网

20世纪40年代的第二次世界大战促进了信息技术的长足发展，电子电路以及元件理论和生产技术均达到很高的水平。这时，设计电子计算机的主要技术已经具备，又由于战争急需高性能、复杂度高的新式武器，需要更高速的计算工具来进行设计与计算，于是在1946年，世界上第一台电子计算机ENIAC（埃尼阿克）诞生了。从此之后，计算机技术的发展可谓日新月异，它的应用激发了信息技术的巨大潜能。

在人类信息技术的漫长发展历史中，尽管信息传输（传递）、信息储存技术无时无刻不在发生变化和进步，但是信息处理一直是在人的直接参与下，或者说是完全由人脑完成的；计算机的出现彻底地改变了这一状况。如今，借助计算机，人类可完全脱离人脑而有效地进行加工处理信息。

计算机技术是现代信息革命的先导，也是现代信息技术的核心。随着计算机的发展与普及，人们希望能共享存储在计算机中的数字资源以及快速传递数字信息。于是，人们将计算机与现代通信技术完美结合，即利用通信设备和线路将地理位置不同、功能独立的多个计算机系统互联起来，形成了计算机网络，并逐渐演化为国际互联网。互联网是一种全球性的计算机互联网络，通过这个网络，人们可以与远在千里之外的朋友相互发送邮件，共同完成一项工作，共同娱乐。可以说，互联网是人类历史发展上的一个伟大的里程碑，它正在对人类社会的文明发展悄悄地起着越来越大的作用。"信息高速公路"是互联网发展的高级阶段，它能把政府机构、企业、学校、科研机构和家庭的计算机联网，采取双向交流形式，在全球甚至更大的范围内传输图文并茂的多媒体信息。计算机及互联网的问世又一次掀起了人类社会信息技术革命的巨大浪潮，这次信息技术革命的结果，使人类进入了一个崭新的历史时代——信息社会时代。

四、信息技术的发展趋势

信息技术未来将沿着以下几大技术方向发展：

（一）人工智能

人工智能（Artificial Intelligence，简写为 AI）是研究、开发用于模拟、延伸和扩展人的智能的理论、方法、技术及应用系统的一门新的技术科学。人工智能是计算机科学的一个分支，它企图了解智能的实质，并生产出一种新的应用与人类智能相似的方式做出反应的智能机器，该领域的研究包括机器人、语言识别、图像识别、自然语言处理和专家系统等。"人工智能"一词最初是在 1956 年Dartmouth 学会上提出的，从那以后，研究者们发展了众多理论和原理，人工智能的概念也随之扩展。人工智能是一门极富挑战性的科学，从事这项工作的人必须懂得计算机知识、心理学和哲学。人工智能的研究范畴包括语言的学习与处理、知识表现、智能搜索、推理、规划、机器学习知识获取、组合调度问题、感知问题、模式识别、逻辑程序设计、软计算、不精确和不确定的管理、人工生命、神经网络、复杂系统、遗传算法等，最关键的难题是机器的自主创造性思维能力的塑造与提升。人工智能在英语教学研究中的一个重要领域是机器翻译。

（二）物联网

1999 年，美国麻省理工学院（MIT）自动识别中心（Auto-ID Labs）提出网络化无线射频识别（RFID）系统，利用信息传感设备将物品与互联网连接起来，实现智能化识别和管理。

物联网指通过信息传感设备，按照约定的协议，把任何物品与互联网连接起来，进行信息交换和通信，以实现智能化识别、定位、跟踪、监控和管理的一种网络。它是在互联网基础上延伸和扩展的网络。物联网的概念有狭义和广义之分：狭义物联网即"联物"，即基于物与物间的通信，实现"万物网络化"；广义物联网即"融物"，是物理世界与信息世界的完整融合，以形成现实环境的完全信息化，实现"网络泛在化"，并因此改变人类对物理环境的理解和交互方式。[1]

（三）云技术

云计算（Cloud Compiaing）是分布式计算技术的一种，其通过网络将庞大的计算处理程序自动分拆成无数个较小的子程序，再交由多部服务器所组成的庞大系统，经搜寻、计算、分析之后将处理结果回传给用户。如果在英语教学中使用云技术，将带来如下的好处：

1. 超大规模；云的价值在于通过合并计算资源，实现资源的最大化利用。比如，学院可以通过部署服务器来取代学生的电脑主机，将所有主机整合为一个云系统，从而将资源最大化利用。

2. 虚拟化

在虚拟化后，教师给学生分配的不再是真实机器，而是根据需要配置的对应性能的虚拟机，在管理上减轻了学院的工作量。

3. 可靠性

云技术将所有的核心资源都统一到系统里，其分布式系统的特性决定了云技术比传统方式有更高的安全性。学生和教师端如果出现设备故障，可以模块化方式快速更换，教师和学生甚至可以使用自己的手机、平板电脑作为终端设备。云系统端一旦出现设备故障，可在短时间内进行更换，并迅速恢复运行。

4. 可扩展性

当教学任务变化或者教学系统需要升级时，只需要对核心设备进行升级或者增加设备，实验室与使用者端的设备不需要任何更改。

5. 按需服务

可以根据课程量、学生人数进行资源分配，能实现资源的合理化、科学化。比如，教室根据需要可以自由组合，通过云技术，可以根据课程来灵活安排任意

---

[1] 张博雅. 对分课堂：大学英语课堂教学改革的新思路 [J]. 科学与财富，2015，(12).

人数上课。

6.极其廉价

云技术与传统方式相比，最大的优点是规模越大，成本越低。其对学院发展和对外合作有积极促进作用。

（四）大数据

"大数据"是 IT 行业的词汇，紧随其后的数据仓库、数据安全、数据分析、数据挖掘等围绕大数据商业价值的利用逐渐成为行业人士争相追捧的利润焦点。大约从 2009 年开始，"大数据"成为互联网信息技术行业的流行词汇。美国互联网数据中心指出，互联网上的数据每年将增长 50%，每两年便将翻一番，而目前世界上 90% 以上的数据都是最近几年才产生的。数据并非单纯地指人们在互联网上发布的信息，全世界的工业设备上有着的无数数码传感器，随时测量和传递着有关位置、运动、振动、温度、湿度乃至空气中化学物质的变化，产生了海量的数据信息。物联网、云计算、移动互联网、车联网、手机、平板电脑、PC 以及遍布世界各个角落的各种各样的传感器，无一不是数据来源或者承载的方式。

大数据是继云计算、物联网之后的产业又一次颠覆性的技术变革。云计算主要为数据资产提供保管、访问的场所和渠道，而数据才是真正有价值的资产。企业内部的经营交易信息，物联网世界中的商品物流信息，互联网世界中人与人的交互信息、位置信息等，其数量远远超出了现有企业架构和基础设施的承载能力，实时性要求也大大超越现有的计算能力。如何盘活这些数据资产，使其为国家治理、企业决策乃至个人生活服务，是大数据的核心议题，也是云计算内在的灵魂和必然的升级方向。大数据时代，网民和消费者的界限正在消弭，企业的疆界变得模糊，数据成为核心的资产，并将深刻影响企业的业务模式，甚至重构其文化和组织。因此，大数据对国家治理模式，对企业的决策、组织和业务流程，对个人生活方式都将产生巨大的影响。

第二节 信息技术在教育中的应用

一、信息技术在大学英语教学中的应用领域

（一）课程设置

依据教育部门相关文件要求，各高校应该根据自己的办学特点、学科优势、师资力量以及软硬件配套现状设计具有鲜明特色的大学英语课程体系。无论是综合英语类、语言技能类、语言文化类还是专业英语类的必修及选修课程，都需要充分考虑对学生听说能力的培养。听说是构成语言能力的技能部分，是完全内化后语言技能的显性体现。学生和教师的英语交流以及学生之间的英语交流会受到范例不足导致语音不标准或者语用不得体的现象。因此，为了提高学生的听说技能，各高校在课程设置上应相对弱化教师讲授所占比重，大量使用先进的信息技术，尽可能地营造真实的听说环境。

（二）教学模式

传统的教学模式以单一的教师讲授为主，新时期的高等教育大力倡导以现代信息技术和网络技术为支撑，采用基于计算机和课堂的两种教学模式。基于课堂的教学模式最突出的特点是比较适合读、写、译三种技能的培养和提高。基于计算机的教学模式可在学生自学并有教师辅导的教学环境下，逐步培养学生的听、说、读、写、译五项技能；该模式的优点是可以直接作用于听、说两种技能，并为其余三种技能创造信息化环境，例如，无纸化阅读和电子输入，这不仅提高了广大学生的语言文化知识技能，而且全方位培养了学生适应信息时代全新的学习和工作的能力。也有学者提出过计算机和课堂相混合的教学模式，该模式是硬件教育资源充分配置下基于计算机和课堂两种模式的多元融合，可以确保在不受时间和空间限制的前提下，对英语五项技能进行立体化教学。

（三）教学评估

教学评估是检验教学质量、获取反馈信息的重要依据，也是改善教学方法、调整教学策略、提高教学水平的有效手段，它既对学生的学习进行评估，又对教师的教学进行评估。信息技术在教学评估中比较适用于对学生学习进行形成性评估。在学生的自主学习阶段，实施计算机和课堂的教学模式，综合完善的教学管理软件和流畅开放的计算机网络，有助于实时形成大学生自主学习记录，及时建立学习档案，并且为教师提供动态客观的第三方监控，以最终形成评估结论。在对学生的终结性评估以及对教师的评估中，信息技术有助于教学实施者建立完备的评估结论档案体系，在技术上为语言教育研究者和教育行政管理者提供统计上的便利，以利于更深层次地发掘评估结论和教学过程的内在关联，促进行政管理和教学实践的互补协调。

（四）教学管理

教学管理贯穿于大学英语教学全过程。基于计算机和网络的大学英语教学及管理软件将一切在教学和管理中形成的文件以电子文档的形式自动建档并归类，使相关责任主体和学习主体能不受时空限制随时查阅。在基于计算机和局域网的教师讲授和学生自主学习中，教师不必走到学生中间去一一观察或管理，既降低了教师作为观察者对学生心理状态的干扰，又减轻了教师的后台管理工作。在基于互联网的远程学习和第二课堂中，信息技术更能发挥其良好的管理功能。在线互动、收发作业、知识信息的电子传输、学习效果反馈等均可以通过网络课程软件得以实现。以信息技术为利器，教学管理者可以使用在线培训等方式不断强化对教师的培训，进而提高教学团队的整体水平。

二、信息技术在大学英语教学中的应用过程

（一）转变教学观念，改进教学方法，开展信息化教学

在传统教学模式下，教师常常处于中心地位，学生处于被动接受的状态，这种英语教学模式已不能满足人才培养的需要。大学英语教师必须转变教学观念，

接受新事物、新技术，积极学习网络多媒体技术，深刻了解网络多媒体技术应用于大学英语课堂为英语教学带来的变革性影响，积极利用网络多媒体技术进行课堂教学，改进教学方法，积极探索新的教学模式，力求使多媒体信息技术更好地为英语教学服务。

在大学英语教学中应用信息技术，不仅要转变教学方法和教学手段，而且要转变教学理念。教师是知识的讲授者和传播者，教学的目的是培养学生，使其掌握新知识、新技能。学生是大学英语教学中的对象和主体，因而大学英语教学效果应以学生的学习效果为依据，而学习效果在很大程度上取决于学生主体性的充分发挥。学生的主体性要求教师把学习的主动权交给学生，给他们自主学习的时间与空间。所以，教师应当摒弃以教师为中心、单纯传授语言知识和技能的教学思想和实践，而转向以学生为中心、既传授语言知识与技能，又注重培养学生语言实际应用能力和自主学习能力的教学思想和实践，使教学以培养学生终身学习能力为导向，逐步实现终身教育。信息技术需要最终应用于教学实践中，只有这样，才能发挥其服务于大学英语教学、改变教学模式、培养学生自主学习能力、提高学生综合文化素养的作用。首先，可以在课程设置上充分考虑高校现有的信息化软硬件环境，设计出符合自己办学特点的大学英语课程体系。其次，在教学模式上应充分利用现代信息技术，采用基于计算机和课堂的英语教学模式，改进以教师讲授为主的单一教学模式，体现大学英语教学实用性、知识性和趣味性相结合的原则，从而调动教师和学生两方面的积极性，尤其是要体现学生在教学过程中的主体地位和教师在教学过程中的主导作用。再次，在教学评估中应加大对现代信息技术的利用，以及以此为依托的评估结果所占的比重。最后，在教学管理工作中，可以开发综合性的教学管理软件，以便各类教管文件的存档管理、教学活动的动态监控、教师的在线培训等相关活动的开展。[1]

（二）改革评价方式，关注学习过程

评价方式是教学中的重要环节。大学英语教学要求我们改革评价方式，关注学生学习过程中的情感态度、学习方法、实践能力等综合因素，对学生实现全

---

[1] 柴霞.基于"对分课堂"的大学英语教学实践与反思 [J].曲阜师范大学公共外语教学部，2016.

面、客观、科学的评价。信息技术在大学英语教学中的应用，能赋予教学评价更多的指导作用和教育意义，实现以评促学。例如，教师可以利用网络教学平台的存储功能，为每个学生建立"个人作品集"，将学生的课堂表现和课后作业以音频、视频或图片的形式存储起来，使学生可以发现自己在英语学习中的长处与不足，看到自己的成长与进步，再对学生进行过程性评价和激励性评价，使学生通过评价，体会到学习英语的乐趣，从而提高英语教学的效率。[1]

（三）架构信息化教学环境，加强网络资源库建设

一方面，配备计算机，建设计算机辅助教学语言实验室，架设局域网络，开放与网络连接的端口是信息技术应用于大学英语教学的物质基础，也称作硬环境建设。一般来讲，高校在架构设备设施时，应处理好以下三方面的关系：办学特点、投资成本、利用效率。在投入之初，应当积极开展专家论证、教师调研、实践考察等多种活动，以设计出符合本校办学特点、节约资金且又能发掘其最大功效的硬件体系。另一方面，开发和建设各种基于计算机和网络的教学软件以及网络课程是信息技术应用于大学英语教学的技术保障，也称作软环境建设。软环境建设也需要考虑以上多个方面的因素，通常可以采用独立软件开发和开放式软件采购的方式。独立软件开发适用于统筹有自己办学特色的各种硬件设备，使之能高效协同运作，这一类软件的开发不会耗费大量的资金，且能充分考虑到各高校的硬件现状以及教师的使用习惯，极具个性化特征。开放式软件采购主要是指与教材相匹配的各种教学软件、网络课程以及与之相适应的评估和管理软件。由于这类软件多基于教材，具有很强的专业性，依靠某个高校内的成员是很难完成的，因此这类软件多由国家教育经费支持，综合全国专家和技术人员共同设计配套开发，各高校只需直接购买即可。

完善的网络多媒体信息设备是信息技术辅助大学英语教学的先决条件，学校有关部门应该积极筹集资金建立多媒体教室、语音室，搭建稳定的校园网络平台，以保证英语教学的顺利进行。此外，学校还要配备相关的技术人员负责校园网络的维护和多媒体使用的指导工作。

---

[1] 谷陟云.罗杰斯的人本主义教育观及其启示[J].现代教育科学，2009.

网络资源库是用信息技术辅助大学英语教学的必要条件之一，只有丰富的、多样化的网络多媒体资源才能满足教师教学的需要。因此，学校应该组织有关人员讨论研究，深入到学生中，积极制作多样化的多媒体课件。课件制作应该以学生为导向，符合学生认知规律，同时能充分调动学生学习的积极性和主动性，使学生在轻松愉快的课堂氛围中学习英语，有效地掌握英语基本知识和基本技能。

（四）组建信息化教学管理团队

组建团队是信息技术得以在大学英语教学中高效应用的重要环节，一般包括以下几个方面的工作：一是选择成员。在教师团队里，要兼顾年龄分布、职称结构、操作技能这三方面的因素。管理团队的组建需要将行政管理人员和工程技术人员纳入进来，并且要充分考虑到学生人数和教师教辅人数的比例。二是明确职能分工。这主要是针对教师、教辅及管理人员而言的，其职能分工应与教学目标相匹配。三是建立团队运行管理机制。包括日常沟通机制、应急处理机制、奖惩机制、准入和准出机制等。

英语教师是网络多媒体教学顺利进行的关键所在，教师只有熟练掌握多媒体技术，才能在实际教学中运用自如，才能使网络多媒体技术有效地辅助英语教学。因此，学校必须加强对英语教师的信息技术培训工作。首先，学校可以聘请信息技术人员来校举办讲座，或者利用寒暑假开办培训班，教授英语教师基本的网络多媒体理论和技能。其次，学校还可以定期派英语教师去其他学校交流学习，学习如何利用网络多媒体技术进行英语教学，如何在保证教学质量的同时，还可以增加教学过程的多样性和趣味性。

三、信息技术在大学英语教学中的作用

（一）有助于调动学生学习英语的积极性

实验证明，人类主要通过听觉和视觉获取大量的信息，而且这样获取的信息印象更为深刻。大学英语课堂中使用网络多媒体信息技术可以将图像、声音、文字等信息融为一体，通过人机交互，多方位地刺激学生的感觉器官，全面调动学

生的听觉和视觉，为学生营造一个轻松愉快的真实场景，有效地激发学生的学习兴趣，调动学生学习的积极性、主动性和创造性。

（二）有助于学生个性化的发展

在传统的大学英语教学中，无论是教学手段还是教学方法都是单一的，教师主要通过口头讲解和纸质教材向学生传授各种语言知识，这种方式很难刺激学生的学习兴趣，学生的学习行为只是被动的、僵化的，学生的个性化难以得到发展。现在教师可以运用信息技术手段辅助大学英语教学，根据教学内容的不同要求，将文字、图形、图像、声音等物理媒介组合起来，形成多媒体课件，为学生创造一个全新的、多元化的、原汁原味的外语学习环境，让学生充分体会这种语言环境。

在实践教学中，教师可以根据学生的不同个性、不同层次充分使用信息技术设备设置难易不同的学习内容，存储于网络服务器中，方便学生随时调用这些资源。语言学习环境的建立可以充分调动学生学习语言的兴趣和积极性，也可以转变以教师为中心的教学模式。尊重学生在教学中的主体地位，对于学生个性的形成、创造性思维的培养都是极为有益的，对于学生综合素质的形成也会产生深远而重大的影响，在大学英语教学中能真正实现灵活多样的个性化的教学。

（三）有助于培养学生自主学习能力

在大学英语课堂中运用多媒体技术辅助英语教学，彻底改变了传统课堂中以教师为中心、学生被动参与的单一教学模式。新型的教学模式以网络多媒体技术为平台，使学生能够主动参与其中。学生可以根据自己的情况，自主选择所要学习的内容和学习方式，自由地获取所需的知识和信息，以满足自身求知的欲望。该教学模式可以极大地调动学生学习英语的积极性，培养了学生自主学习的能力。

大学英语教学的目的，不仅仅是向学生传授语言知识，更重要的是培养和提高学生运用英语进行交流的能力。要使英语真正成为信息化和国际化社会必备的工具性知识和交际工具，运用信息技术构建情景式教学环境是教学过程中的一个重要手段。

在教学过程中，利用音频技术和多媒体技术营造逼真的交际环境让学生产生身临其境的感觉，有助于激发学生的学习欲望，让学生主动参与到教学实践中，使学生的口语表达能力得以提高。通过模拟某一国际会议的工作布局和完整流程，能从感官体验上锻炼学生的心理素质；通过嵌入式系统、以太网技术、多通道分组通信实时传输协议等数字技术，能对学生进行口译训练、翻译训练、译员训练、同传训练等训练，使学生的外语技能得到全面的锻炼。通过活泼多样的教学方式，将学与练有机结合起来，对学生英语学习能力的提高会起到事半功倍的效果。

（四）有助培养学生跨文化交际能力

在大学英语课堂中使用网络多媒体信息技术，能为学生提供大量的真实语言环境，让学生身临其境，有助于提高学生的跨文化交际能力。在以前的英语课堂上，英语教师大多是单纯地授课，学生也只是被动地接受和记忆语言知识。而对于语言这一门特殊的学科而言，缺少了语言环境，语言的学习效果就会大打折扣。而多媒体信息技术能通过大量的图文、动画为学生创造一个真实的语言环境，让学生沉浸在真实的语言情境之中感受英语的魅力，真正理解英语语言和文化，培养学生的跨文化交际能力。[1]

第三节　信息化教学的定义与有效性分析

一、信息化教学的含义

目前，信息化教学尚没有一个确切的、权威的定义，国内有影响的说法主要如下：

（1）信息化教学是与传统教学相对而言的现代教学的一种表现形态，它以信息技术的支持为显著特征。当然，以信息技术为支持只是信息化教学的一个表面

---

[1]　孙立伟.对数字化教学资源建设的思考[J].新西部，2007.

特征，在更深层面上，它还涉及对现代教学观念的指导和现代教学方法的应用。

（2）信息化教学是以现代信息技术为基础的新的教学体系，包括教学观念、教学内容、教学组织、教学资源、教学模式、教学技术、教学评价、教学环境、教学管理等一系列的改革和变化。信息化教学主要包括六个要素，其中信息网络是基础，信息资源是核心，信息资源的利用与信息技术的应用是手段，而培养信息化人才是目的，信息技术产业和信息化政策、法规和标准是其保障。信息化教学是以教学过程的设计和学习资源的利用为特征的。

（3）信息化教学是信息化教育的主干、核心和重要的表现形态。相对于传统教学，信息化教学是以现代信息技术，特别是计算机技术支持为显著特征的一种教学形态。但是，这并不意味着"技术中心""技术为本"或"技术决定论"，而是技术为教学服务。也就是说，信息化教学利用现代信息技术更好地创造"以人为本""以学生的发展为本""以适应信息社会的生存为本"的教育教学条件、环境，使教学效果更明显，使学生的学习更有价值。

二、信息化教学的特点

与传统教学相比，信息化教学的特点主要表现在教学和技术两个层面上。

（一）在教学层面上

1. 教学理念的革新化

与传统教学理念相比，信息化教学理念主要表现出"三个转移"。

第一是教学"中心的转移"，即由以教师为中心转移为以学生为中心，由以教为中心转移为以学为中心，由以传授知识为中心转移为以"人力开发"（智力、心力和体力）、能力培养特别是创新思维能力培养为中心。

第二是教学"目标的转移"，即由培养知识型人才转移为培养能力型（重点是信息能力、创新能力和学习能力）、素质型人才，由适应计划经济社会的工作型人才转移为适应信息社会、知识经济、市场竞争、高科技、数字化环境的应用型、创造型人才（主要表现为全面＋个性，人脑＋电脑，智商＋情商）。

第三是教学"技术的转移"，即由普通的传媒技术转移为以计算机为核心的高新信息技术，由模拟技术转移为数字技术，并由此引发教学模式、教学手段、教学环境乃至教学理论、课程与技术的整合等一系列的变革和转移。这也是信息化教学的重要标志之一。

2. 教学主体的广义化

教学主体任何时候都是学生与教师。与传统的学校教学活动中教师学生的含义相对具体固定相比，信息化教学活动中的教师与学生的含义要广义得多。教师不仅有"人化"的实体，更有"物化"的电子教师（如各种形式的电子课件），还有"拟人化"的虚拟教师（各种网络教学平台和智能教学系统学生也不再仅仅是局限于学校里的按学科、按专业划分班组的学生，而是包含无域界的、社会性的、广泛的校内外学习者。）

3. 信息表征的多元化

多媒体技术的运用，使教学信息的表征由简单的文字、语言、图表、实物发展为语音、文字、图形、视频、动画等多元化、一体化的表征形式，这更有利于学习者调动多感官学习，也更符合不同类型的学习者的需求，有利于提高学习效率。

4. 教学资源的共享化

互联网在全球的普及，使全世界的教育教学信息资源构成了一个巨大的资源库，供广大的学习者在任何可以上网的地方共享使用，如各种网络教育教学站点、各种虚拟软件库、各种电子期刊、各种数字化图书馆等，这就为社会化学习、基于资源的学习奠定了强大的基础。不仅如此，网络还可创造一种前所未有的"集体智慧"资源，使世界各地的教育家、科学家、思想家、艺术家联结起来联机思考，将思考结果存于互联网数据库之中，构建成交互式人类共享大脑和思维库，这将超越任何个人的能力和智慧，使人类比以往任何时候都更加聪明。

5. 教学目标的价值化

教学目标的价值取向不再单纯是使学生获取知识、掌握技能，培养适应计划经济的工作型人才，而是以"人力开发"为目标的素质教育：以创新精神和创新能力为核心的能力培养；以信息素养特别是信息能力、终身学习能力、信息化生存能力为主体的应用型人才。这将使教学对象（也是教学产品）——学习者及其学习更富有价值。

6. 教学过程的个性化

在现代信息技术的支持下，信息化教学可以真正实现让教师"因材施教"、让学生"自主学习"，特别是利用人工智能建构的智能教学系统（或智能导师系统），可以依据学习者的认知特点、个性和学习方式进行教学和提供帮助，实现真正意义上的"个别化教学""个性化教学"，这就为培养学习者的创造性学习能力（个性是创造性的基石）创造了良好的条件。

7. 教学策略灵活化

利用现代信息技术，人们创造了信息化的教学环境和信息化的教学模式，当然也制定了相应的信息化的教学策略。例如：教学的组织形式由以课堂为中心的集体授课形式变为网络环境下的个别化、自主化教学，协作式、探究式学习，基于资源、基于问题的学习等形式；教学程序由线性组织变为非线性的网状组织；教学方法由教师导向变为双向、多向交互；教师由知识的传授者变为学习的指导者、咨询者、帮助者和协作者；教学媒体手段由普通媒体变为现代高科技信息媒体等等。

8. 教学评价的过程化

与传统的教学评价相比，信息化教学评价不再以考试评定结果、以分数衡量优劣，而是更重视过程评价、自我评价、主观评价、形成性评价、资源评价以及绩效评价，更趋于科学化、人性化，更富有价值。

（二）在技术层面上

1. 教学材料的多媒体化

教学材料不再是以印刷媒体为主的"死的"教材，而是以计算机多媒体、超媒体为主的集结构化、动态化和形象化于一体的"活的"教材，如各种多媒体、超媒体课件，各种教学系统（包括智能教学系统）、教学平台，各种学习认知工具和教育、教学软件等。"活化"的教材更适合人的"活化"的认知和思维。

2. 教学手段的现代化

现代信息技术的运用使信息化教学手段从传统教学的教材＋粉笔＋黑板＋传统媒体，改变为以计算机多媒体技术、网络技术、人工智能技术为核心的现代化手段，使教学效果更优化，也使教学效率更高。

3. 教学系统的智能化

随着人工智能技术的不断发展，各种智能教学系统、智能导师系统、智能教学代理系统等不断应用于教学之中，使教学更趋于人性化，使人际交互、内容交互更趋于舒畅、自然，使学习更趋于个性化、智能化、自主化。

4. 教学媒体的数字化

以计算机为核心的数字技术的发展，使教学媒体、教学设备全面实现数字化，数字化意味着大容量、高速度、一体化、小型化、智能化和自动化，这不仅为人类数字化学习提供了硬件环境和技术条件，而且还创造了更好的软件环境。

5. 信息传输的网络化

以计算机网络为核心的网络技术的迅速发展推动了数字卫星通信网、数字移动通信网和互联网的多网融合的趋势，有利于教育信息的传输和教育资源的共享，更有利于数字化学习和终身学习的实现。

6. 教学环境的虚拟化

信息化教学的最大特点就是教学环境不再受物理时空的限制，如虚拟教室、虚拟实验室、虚拟校园、虚拟学习社区、虚拟图书馆、虚拟阅览室等的使用，使学习超越地域、年龄、文化背景等限制，不仅为数字化学习创造了环境条件，而且为全民教育、终身教育的实现创造了环境条件。

7. 教学管理的自动化

与传统的人工化教学管理相比，由现代信息技术支持的教学自动化管理系统实现了全方位的教学自动化管理。从网上招生、电子注册、自主选课、建立电子学档、学习过程监控、学习任务分配、学习问题诊断、教学指导、教学活动记录、作业批改、网上测试、教学评价、教学成果或电子作品展示一直到网上毕业、就业信息等，通盘都可实现自动管理，加快了教学信息化进展的步伐。

三、信息化教学的实践领域

信息化教学的根本目的在于借助现代信息技术和信息资源，为学习者创设良好的信息化学习条件，培养学习者利用信息技术自主、高效学习的能力和终身学习的能力，以适应信息社会发展的需要。

信息化教学的实践领域主要包括现代远程教育、学校信息技术教育、教育管理及各种信息技术人才培训三个领域。其中，现代远程教育领域主要体现在国家开放大学、普通高校网络教育学院和面向基础教育的各种网校等；学校信息技术教育领域主要体现在学校的信息化软硬件的建设、信息技术知识的学习和培训、信息技术与课程的整合等；教育管理及各种信息技术人才培训领域主要体现在各种教育系统，特别是学校教育、教学系统的信息化管理和信息技术人才（教师、管理人员、辅助人员等）的培训等。

在这三个领域中，利用计算机多媒体特别是计算机网络实施教学是信息化教学的主流和代表形式。因此，对信息化教学的研究主要是对网络环境下的教与学及其相关问题的研究。

网络——这里主要是指计算机网络，包括广域网和局域网，如互联网、城域网、校园网等。网络既是教学信息的载体，又是教学信息传播的媒体；既是教学资源（互联网是世界上最大的资源库、图书馆），又是教学环境（互联网是世界上最大的学校、教室，是超越时空地域、可覆盖全球的集成教学环境）；既是信息化教学赖以进行的、最先进的交互工具，又是教学结果及时获得评价的技术手段；既是现实的，又是虚拟的；既具有物理的、社会的、文化的特征，又具有心理的、认知的特征。

网络教学是目前信息化教学的主要表现形式，它是指利用计算机网络的特性功能和资源环境进行的教与学的活动；或者说是借助互联网建立有意义的学习环境（如网络学习资源、网络学习社区、网络技术平台等），以促进和支持学习者学习的教学活动。网络教学既是教与学的活动过程，又是学习资源开发、利用、创造、再生的过程；既是学习者自主学习知识的有效途径，又是开发、培养、创造、提高信息素养、自我价值，完善自我人格的有效途径，更是终身教育得以实现的有效途径。

四、信息化教学的有效性分析

（一）信息化教学的再解读：本源与内涵

信息化教学已经不是一个新名词，在经历了多年的实践和探索之后，人们逐渐对信息化教学有了一定的认识。所谓信息化教学，就是教育者和学习者借助现代教育媒体、教育信息资源和方法进行的双边活动。从这个定义不难看出，信息化教学是以信息技术的应用为主要手段实现教学过程的。然而，仅从这点认识还不能完全理解信息化教学的内涵，从表面上来看，信息技术的支撑是信息化教学的显著特征。从内涵上理解，信息化教学与传统教学有着本质的区别，信息化带来的不仅是形式上的变化，更是教学内涵的更新，我们应该从更全面的视角和系统的观点上理解信息化教学。

对信息化教学内涵的理解从工具论到系统论的转变是其应用逐渐成熟的标志。因此，对信息化教学的再解读，依然应遵循这个原则。我们应从工具性和人文性两个角度理解信息化教学。首先是信息化教学的工具性，这是信息化教学最初的、最直接的内涵。工具性意指教学中应用信息技术给教学带来一些工具、技术上的变化，如教学手段的优化、教学环境的现代化、教学材料的多媒体化等，在这种理解下，信息化教学实践就是应用技术促进教学，在教学的各个环节融入信息化技术的手段。其次是信息化教学的人文性，这是信息化教学经过长期发展后人们不断反思才提出的内涵。人文性意指信息化教学要从人的发展的角度重新思考教学的本源，以人文观点理解信息技术的作用，理解教师的角色，关注学生的发展。要避免"人灌变电灌""技术凌驾于人之上"等异化现象，就要从人与技术、人与教学、人与信息化的关系中理解信息化教学。在这种视角下，我们应该更加强调信息化教学的个性化／交互性，以及评价的多元性、价值取向的人文性等。基于这两点认识，我们再探讨信息化教学有效性和如何实现有效的信息化教学才更有意义。[1]

（二）信息化教学有效性：困境中的要求

信息化教学有效性问题是伴随着技术在教学中深入应用而产生的研究课题，目的在于直面当前信息化教学实践所面临的困境，对"如何在教学中使技术应用产生更大的效益和影响""如何看待和理解有效的信息化教学"等问题进行深究。在探讨信息化教学有效性问题之前，我们有必要先对有效教学及教学有效性等概念做出阐释。

有效教学随着基础教育课程改革的推进而逐渐进入人们的视野。有效教学的含义一般有两种不同的解释：一种是从学习的角度出发，有效教学主要是促进学生的学，教学有效性归根结底是促进学生学的教；另一种从经济学中投入产出分析的角度分析，从教学投入与教学产出的关系界定教学的有效性，又可从效率、效果和效益三个方面界定。

那么对于信息化教学有效性，我们该如何理解呢？近年来，部分研究者对该问题进行了解说：信息化教学有效性是指在信息技术支持下的有效教学，并由此建立判定信息化教学的有效性策略，即以教学目标的实现为根本，综合效率与效果两方面的要求，考察信息技术在具体教学情境中的运用；信息化教学有效性是指在教学中恰当地运用各种信息资源或媒体实现有效教学，创设有助于学习的环境，以尽可能少的教学投入达到预期的教学效果。其内涵包括几个要点：以课堂环境为基点，以有效教学为根本，以实用视角为指导，以学习策略为指标；胡晓玲认为，有效的信息化教学是信息技术环境支撑的有效教学，是在信息化教学活动中，创设符合教学要求的信息化情境，从而在效果、效益、效率三个方面均能达到教学目标的要求，并能采取有效的评价方式进行评价的系统过程。从以上几种观点可以看出，研究者对信息化教学有效性的理解都强调了一点——运用信息技术提高教学的有效性或利用技术支持有效的教学，这点毋庸置疑，这是它最显著的特点。然而，笔者认为，如果仅从这一点出发理解信息化教学有效性，难免太过简单与机械。理解信息化教学有效性内涵，我们应追根溯源，从其本源、追

---

[1]　孙立伟.对数字化教学资源建设的思考[J].新西部，2007.

求以及现实困境探讨。首先要解决的一个重要问题就是理解信息化教学有效性的价值取向，这是探讨该问题的前提和基础。

（三）信息化教学有效性的价值取向：关注和追求

价值取向是价值哲学的重要范畴，指的是一定主体基于自己的价值观在面对或处理各种矛盾、冲突、关系时所持的基本价值立场、价值态度以及所表现出来的基本价值倾向。简单理解，价值取向就是我们站在什么角度考虑问题，基于什么理念考虑问题。信息化教学有效性的价值取向就是我们在对信息化教学有效性的评判中按照某种价值观念进行价值选择和行为决策时所表现出来的价值倾向性。在讨论信息化教学有效性的价值取向问题时，我们要搞清楚两个问题：有效的信息化教学关注什么？有效的信息化教学追求什么？对这两个问题的回答正是对信息化教学有效性的内容与目标的回答，也是理解信息化教学有效性的核心所在。

1.信息化教学有效性关注什么——从封闭的主体二元对立关系走向互动对话的交互主体性教学

课堂教学的有效性，不仅是课堂教学问题，而且还是教学问题。那么信息化教学有效性就不应局限于课堂教学目标是否达成、课堂教学方法是否恰当等课堂问题，而是要更全面地从教育教学的本质上理解。教学本质上是一个师生互动的双边关系，信息化教学有效性也应该在双边关系的基础上处理各种教学问题。

在以往的信息化教学讨论中，我们似乎形成了两种相互对立的观点：一种观点认为有效的信息化教学是合理运用信息化手段支持有效的"教"，这种观点在信息化教学开展之初成为一种主流的观点。在这种观点的引导下，信息化教学就要关注如何促进既定的教学目标的实现，如何实施更为优化的教学策略等，主要运用信息化手段提高教学的效率、效果。也就是说，信息化教学有效性的关注点在教师的"教"。另一种观点则认为有效的信息化教学是有效的支持学生的"学"，信息化教学的有效性是从学生的学是否有效来评判的。这种观点比第一种观点而言前进了一步，它关注了教学对象和教学目的。

然而，这两种观点主要围绕教学的效率和学习目的提出了信息化教学有效性的基本思路，这种思路体现了人们强烈的"工具理性"思想。工具理性是指反映在计算、测量、组织、预测等技术行为中的认识能力，其目的在于追求行动的效率和功利的最大化。这种"工具理性"思想，在早期的信息化教学实践中起到了较为重要的作用，可以说它是教学中介性以及有效教学的基础。如果教师不经常借助工具理性对教学中介进行质疑和反思，那么教师就不可能实现有效教学。然而，以工具理性为基础的关于课堂教学有效性的理解可能会带来教学伦理性与教学双边性的缺失。

信息化教学有效性关注的维度不应走向工具理性的旋涡。除了直观的、可测量的教学效果和效率，更要关注师生这一对二元主体的情感以及教学交往。如果我们单方面从教师的"教"和学生的"学"的角度来理解信息化教学有效性，便割裂了教学双边二元主体之间的交互特性，难避"机械、肤浅"之嫌。在现实中，我们也能看到这种双极化的实践误区。在从以教师为中心向以学生为中心转变的过程中，很多教师没能把握好度，过分强调学生的主体地位，让学生在课堂上放任自流。而在相关的研究中，为了搞好信息化教学，我们一味地要求教师考虑如何突出学习者的主体性，如何让学习者的学习变得轻松，让学习者取得收获，而使教师感到迷茫和不知所措，甚至极大地加重了教师的教学任务和思想压力。试想一下，对于教师而言，在如此繁重的任务和沉重的压力下，这种教学理念和形式能真正持续有效吗？长此以往，只会造成信息化教学的低效甚至负效，这也是很多教师批判甚至放弃采用信息化教学的主要原因之一。因此，有效的信息化教学应从封闭的主体二元对立关系走向互动对话的交互主体性教学。

交互主体性是指人们在交往过程中都是主体，交往各方有相对的独立性，彼此互相承认、互相尊重。同时，它强调了"交互"的特征：同样具有主体性的人与人之间又总是在某种共同的联系之中彼此相互影响、互相作用。这种彼此之间的相互影响、相互作用以及由此引起的变化或发展又总是在同一个过程中，作为不可分割的整体同时发生。相较于传统教学，信息化教学的交互性特点和影响更为突出，它既能突出学生在学习中的主体地位，又能提高教师的教学效率。任何单方面的提高都不能称之为有效的信息化教学。在信息化教学中，要达到有效的教学，就必须遵循交互主体性教学规律，关注教学主体的二元性，关注教学的双边互动性以及教学活动的生成性。首先，信息化教学中要做到教学过程中主体地位的平等，教师和学生双方都不可能以单纯的主体身份而把其他主体当作客体对待。因此，信息化教学不能过于偏向以教师为中心的课程教学体系，也不能过于偏向以学生为中心的课程教学体系、教学过程、教学内容以及信息化教学手段和信息化教学模式都必须在充分尊重双方主体身份平等的条件下进行设计和实施，教师和学生作为互动主体都应该在教学活动中实现其自主性和主动性。其次，信息化教学的交互主体性还要求在教学中通过互动和交往实现其有效性，这里涉及交往的一个基本问题——教师和学生对信息化教学的理解和共识是实现有效信息化教学的前提条件。这一点是至关重要的。在以往的教学实践中，我们经常看到教师煞费苦心地设计了一堂自认为很完美的信息化教学，精心地安排和运用了技术手段，然而在教学中却得不到学生的支持，无法与学生达成共识，最终事与愿违，事倍功半。因此，有效的信息化教学应关注教学交往过程中师生共同的体验、相互认识的心理倾向。

2. 信息化教学有效性追求什么——追求人的发展是信息化教学有效性的核心价值诉求

从开始至今，信息化教学大致经历了最初的热情追捧——理性思考——批判中发展几个阶段，每个阶段人们的关注点和追求都有着不同的变化。由最初追求技术的先进性到现在关注应用的适切性和合理性，人们对信息化教学有效性的理解走过了一段由感性到理性的进化过程。如今，人们对信息化教学有效性的"有效追求"有了更深刻的理解。

人的发展始终是教育的终极目标，信息化教学有效性的目标应是促进教学中人的发展。从"人的发展"这一视角检视我们的信息化教学有效性，就不仅要看学生掌握了多少内容、积累了多少知识，更要看我们的信息化教学是否对学生以后的学习和发展产生了影响，看学生在信息化教学中获得了怎样的实质性发展。这里涉及了一个非常重要的方面——学生高级思维能力的发展。信息化教学环境为学习者的知识建构和高阶思维培养提供了良好的环境，其目标和价值追求就不能仅仅局限于学生知识的积累，更重要的是在信息化教学中追求人的高阶思维发展，注重学生适应信息化社会的全面能力的培养。信息化教学不仅有效地追求信息呈现的多样化、知识的增长等表面上的效益，更应该追求运用技术创设丰富的学习环境，促进知识的自主建构和高阶思维技能的培养，这才是信息化教学有效追求的深层含义。

有了这些思考，我们再考虑课堂教学有效性的"有效追求"时，就必须弄清楚真实有效和虚假有效。真实有效主要指实现教学的实在价值，虚假有效主要指实现教学的符号价值。这两种价值的区分在很大程度上取决于教学评价思想，也就是如何评定教学价值。教学评价是教学价值取向的风向标，传统的教学评价广为诟病的是其评价的绝对性和静态性，人们常常以是否达到教学目标评判教学的成败，具体的实现方法就是以学生的直观表现和标准化的考试来甄别。而在信息化教学评价中，应摈弃这些缺陷，注重人文性和发展性。有学者认为，信息化教学评价应坚持两个原则，即"多元评价"原则和"评价为了发展"原则。多元评价包括评价主体的多元化、评价方法的多样化、评价内容的多维化。发展性评价指我们在评价时以发展的眼光和发展的视角看待教学效果。这两个原则就很好地阐释了信息化教学评价的思想和理念，对鉴别信息化教学有效性是很有意义的。在实践中，丰富的信息化教学形式为教学评价带来了多样的评价手段和评价技术，我们需要根据不同的信息化教学形式选择适宜的评价方式，兼顾过程性评价和总结性评价，不能仅仅以学生的课堂表现以及其表象的兴趣和热情判断教学是否有效，而更应该注重信息化教学对学生后续的发展起到了多大的影响和作用。

人们在谈到教学中人的发展时，会惯性地认为此"人"就是学生，促进人的发展就是促进学生的发展。当然，这一点毋庸置疑，但从更为全面的角度看，有效的信息化教学应追求教师和学生的共同发展，这才是可持续的发展、生态的发展。前文说到，要实现交互主体性教学就要实现教与学双方的主体地位，如果教师的主体地位得不到体现，必将会影响学生主体地位的实现。同样，在信息化教学中，教师得不到发展，学生的发展也很难真正实现。试想，教师在信息化教学中只是疲于完成任务，其体验和价值实现得不到满足，则这样的信息化教学很难带给学生持续的、全面的发展。因此，信息化教学有效性追求人的发展具有生态性，追求教学系统内主体之间的相互依赖和共同发展，以及整个教学系统的动态性、自主性，只有把学生的发展和教师的发展放到一个系统中认识，才能实现个体全面发展。我们在评判信息化教学是否有效时，不仅要看学生获得了怎样的发展，同样也要关注教师在教育教学实践中是否不断地获得发展。当然，这种发展是多方面的，包括教师对信息化教学的认识、态度和情感，也包括教师的信息化教学能力的提升，如信息化教学设计能力、信息化教学方法的运用能力等，表现为能轻松自如地处理信息化教学中的各种问题，不至于为了搞好信息化教学而身心疲惫地完成任务。[1]

（四）信息化教学有效性的实践理念与途径

信息化教学有效性的实现，是一个复杂的系统工程，需要多方面的支持和保障。信息化教学有效性的实现条件并不是简单机械地依据某条规律确定出某条原则，往往呈现着错综复杂的情况。这就要求我们从其内涵及目标取向出发，全面考虑有效教学的原理和信息化教育的研究成果，综合概括地提出指导实践工作的基本要求。在对上述系统的理论思考及实践反思的基础上，我们认为信息化教学有效性的基本理念与途径应包括以下几点：

1. 生态的信息化教学观

受信息化教学的理论基础、影响因素、现实环境等多方面的影响，信息化教学实践注定是一个复杂的过程。在这种复杂的实践环境中，我们要实现有效的信息化教学，就必须全盘考虑各种"限制因子"，以全面、联系、平衡的思维看待信息化教学有效性问题。整体观、联系观与信息化教学实践的复杂性不谋而合，它要求我们不能漠视其中任何一个因子，不能割裂其间固有的联系，应以相互联系、和谐共生的思维和理念开展实践。以往的信息化教学实践思维常常是单向的、单一的，往往将有效性的取向和标准局限于某一个因子，如关注信息化教学的技术手段而忽视人，关注学生的发展而忽视教师的心理情感等，这样的实践给我们带来了现实的困境。事实上，作为一个以人的发展为最终目标的教育实践活动，

---

[1] 杜振华.英语资源服务器及网络语音室的安全管理与实践[J].中国科教创新导刊，2008.

信息化教学的复杂性和多样性毋庸置疑。因此，要实现有效的信息化教学，从生态观的视角审视和指导信息化教学的有效性就显得十分重要。生态观的主要观点体现在系统性、动态性、和谐共生等特征上，其观点和方法论对信息化教学实践具有很强的适切性，要求我们树立全面、协调、可持续发展的思想，促进信息化教学的有效发展、和谐发展。

2. 学教并重的交互主体性教学模式

在信息化教学的研究与实践领域，人们不断探讨新的信息化教学模式，但从现有的成果来看，大部分属于以学生为中心的教学范式。这种教学模式较大地发挥了学生主体的作用，对改进传统教学起到了非常重要的作用；然而，它将教学活动交互双方的主体性片面地理解为学习者中心论，割裂了教学双边主体之间的交互特性，容易造成对教学的应有主体（教师）的漠视，这样不利于信息化教学的可持续发展，因此它显然不足以达到真正的有效。因此，我们探讨的有效信息化教学应是在重视教师和学生双方主体地位的基础上实施交互主体性教学模式。交互主体性教学要求我们所开展的信息化教学活动不能是一种单纯的主客二元对立的活动，教师和学生在主体平等基础上在信息化教学中应产生联系，这种联系是多方面的，包括教学目的、教学内容、教学方式、教学手段等。

3. 动态开放的发展性评价原则

有效教学与有效评价是密不可分的，对信息化教学有效性的探讨离不开对信息化教学评价的思考。前文说到，信息化教学有效性追求的目的是人的发展，那么我们评价信息化教学是否有效就要看信息化教学活动是否满足教与学双边主体的发展需要以及信息化教育教学发展的需要。信息化教学是一个动态的、不断变化的活动过程，它较传统教学而言充满了更多的不确定性和生成性，因此我们在评价中不能因为突出某一方面而以偏概全。

我们在评价过程中要坚持动态开放的评价原则。动态性要求我们不再过分注重结果的评价，而是注重教学过程的评价，注重信息化教学过程中教师与学生双方的满足感以及发展性。开放性要求我们在评估信息化教学有效性时坚持评价内容广泛性、评价方法多元性。信息化教学有效性的评价要面向主体发展，注重教学实践的长远需要。在信息化教学评价中，要充分发挥教师和学生双方的主观能动性，重视教学有效性与教师专业发展双重发展，从而建立一种发展性教学评价体系。

信息化教学的有效性，绝不是简单的教学目标的实现，也不能窄化为在大多程度上提高了教学效果。我们认识和理解信息化教学有效性时应将它置于一个更为系统、更为深入的层面。信息化教学有效性关注的维度是交互主体性的实现，其核心价值诉求是追求教师和学生的共同发展。这些理论上的认识会对信息化教学的有效进行起到一定的指导作用。

第四节　信息化教学的理论依据

一、人的全面发展理论

教育目的既是教育活动的宗旨，也是教育活动开展的依据。在不同的社会历史时期，由于受到历史条件、教育价值观的制约，对把受教育者培养成何种质量规格的人才的要求各不相同。中国古代教育家提出通过礼、乐、射、御、书、数的教育培养国之"士"；古希腊的教育家在教育中开设"七艺"，以培养有健康体魄、有道德、有美感的人等等。在教育史上，关于教育理论的论述林林总总，但文艺复兴后，人的全面发展几乎为近代西方每一个进步思想家所推崇，成为贯穿在近代历史文明发展中的崇高理想。

（一）马克思主义的"人的全面发展"理论

人的全面发展，最根本的是指人的劳动能力的全面发展，即人的智力和体力的充分、统一的发展，同时包括人的才能、志趣和道德品质的多方面发展。人的发展始终是思想先驱们所思考的问题，普罗泰戈拉、圣西门、傅立叶等人均对人的发展进行过探讨。但直到 19 世纪中叶，马克思与恩格斯在吸收前人理论的基础上才提出了人的全面发展理论，标志着人的发展理论的正式确立。

马克思在青少年时期就开始思考有关人的发展问题，他在《青年在选择职业时的考虑》中指出，职业选择的主要指针是人类的幸福和自身的完善，这是马克思关于人的发展的最早的描述。在进步的思考下，马克思在《1844年经济学哲学手稿》中初步提出了人的全面发展的思想，指出人以一种全面的方式，也就是说，作为一个完整的人，占有自己的全面的本质。而在《关于费尔巴哈的提纲》中，马克思指出实践对全面发展的重要意义，认为"个人的全面发展，只有到了外部世界对个人才能的实际发展所起的推动作用为个人本身所驾驭的时候，才不再是理想、职责等等，这也正是共产主义者所向往的"。这一系列理论初步形成了马克思关于人的全面发展思想。其后，马克思和恩格斯在《哲学的贫困》《共产主义原理》《共产主义信条草案》以及《共产党宣言》中进一步论述和发展了这一思想，最终形成了完整的关于人的全面发展的理论。[1]

马克思主义关于"人的全面发展"理论，概括起来主要包括以下几个方面的内容。

1. 人的需要的全面发展

马克思认为，需要是人的本性，需要是人类一切活动的源泉和动力，没有需要，就没有生产。人正是为了满足自己的生存、享受和发展需要，才进行物质生产和社会活动。人的需要的不断丰富和全面，标志着人本质力量新的呈现和人存在的充实。满足正当需要是人不可剥夺的权利，一切压抑人的正当需要，都是违背人性的，都从根本上否认了人本身。所谓人的需求的全面发展，就是除了物质需求以外，社会关系方面的各种需求和精神生活中的各种需求，以及自我实现和发展、自由的需求等。

2. 人的主体性的全面发展。

人的主体性是指凭借自己的综合素质与实践活动而处于支配地位，成为主人的人所具有的特殊属性。马克思认为，人是社会历史的主体，人的主体性是人在创造自己历史的活动中所表现出来的能动性、创造性、自主性。

3. 人的能力或才能的全面发展

马克思把人的能力的全面发展看作人的全面发展的核心。人的能力的发展是

[1] 杜振华.英语资源服务器及网络语音室的安全管理与实践 [J]. 中国科教创新导刊，2008.

人的全面发展的重要内容,发展人必须发展人的各种才能。人的能力是多方面的,包括人的自然能力和社会能力、潜力和现实能力、体力和智力等。只有人的这些能力或才能都得到充分发展,才是真正的全面发展。

4. 人的个性的自由发展

人的自由个性是人的本质力量发展的集中体现,是个人的生理素质、心理素质和社会素质在不同社会领域的集中表现,是人的自主性、能动性、独特性、创造性的充分展示。马克思指出个性的自由发展就是"一切天赋得到充分发展"。

5. 人的社会关系的全面发展

人的社会关系是指人与自然、社会以及他人的关系。社会关系是人的现实本质,或是人的本质的现实性表现。马克思认为:"人的本质并不是单个人所固有的抽象物,在其现实性上,它是一切社会关系的总和。"所以,在其本质意义上,人的全面发展实际上就是人的一切社会关系的全面发展,因为"社会关系实际上决定着一个人能够发展到什么程度","一个人的发展取决于与他直接或间接进行交往的其他一切人的发展"。因此,人必须积极参与社会生活多个领域的交往,在交往中形成丰富而全面的社会关系。可见,人的全面发展的核心内容就是人的本质的全面发展。人的本质的全面发展,也就是人的社会属性即人的社会关系的全面发展。人的本质的丰富性、全面性取决于社会关系的丰富性、全面性。

没有个人与社会之间的普遍联系,个人的才能就不能得到发展,人的社会性质也就不能得以充分的体现。只有人的社会关系得到高度的丰富和发展,人的全面发展才有可能。

(二)人的全面发展是现代教育的共同追求

古希腊哲学家亚里士多德主张"和谐教育"。夸美纽斯在其名著《大教学论》一书中,提出了泛智教育的理想,希望所有的人都能够受到完善的教育,都得到多方面的发展,成为和谐发展的人。法国启蒙思想家卢梭是自然主义教育思想的代表,他认为教育的目的和本质,就是促进人的自然天性,即自由、理性和善良的全面发展。瑞士教育家裴斯泰洛齐倡导教育应以善良意志、理性、自由及人的一切潜在能力的和谐发展为宗旨。

（三）人的全面发展是 21 世纪社会发展的要求

21 世纪，全球正在全方位迈向知识经济时代，这是一个不可抗拒的历史性转变。知识经济本质上是人才经济、头脑经济、智慧经济。

在知识经济中，以知识、信息为基础的产业将占越来越大的比重，"生产"过程日益"非物质化""智力化"，人与物质和技术的关系将降至次要地位。这要求人才从掌握某种职业的实用技能，转向具有适应劳动世界变化的综合能力（包括劳动技能以外的合作精神、创新精神、风险精神、交流精神等）；要求人才不仅具备智力技能，还需要具备社会技能，包括人际关系处理技能等。

随着科学技术的发展进步，原有的职业会被淘汰，新的职业将陆续产生，一个人多次变动工作或劳动场所将是常事。追求人的全面发展，重在培养素质、能力，才能适应 21 世纪社会发展的要求。

二、建构主义学习理论

（一）建构主义学习理论的基本内容

1. 皮亚杰的认知发展理论

建构主义的最早提出者是瑞士认知心理学家皮亚杰（Jean Piaget），他的建构主义基于他有关个体的认知发展的观点，发展了发生认识论。从个体认知发展理论和个体发展阶段理论出发，皮亚杰认为个体所获得的成功主要不是由教师传授，而是出自个体本身，是个体主动发现、自发学习的结果。个体在与周围环境相互作用的过程中，逐步建构关于外部世界的知识，从而使自身认知结构（即图式）得到发展。他指出："认识既不能看作是在主体内部结构中预先决定了的——它们起因于有效的和不断的建构；也不能看作是在客体的预先存在着的特性中预先决定了的，因为客体只是通过这些内部结构的中介作用才被认识的。"知识既不是客观的东西，也不是主观的东西，而是个体在与环境交互作用的过程中逐渐建构的结果。

个体认知结构的发展涉及三个基本过程：同化、顺应和平衡。

（1）同化。同化是指把外部环境中的有关信息吸收进来并结合到个体已有的认知结构中，即个体把外界刺激整合到自己的认知结构内的过程。随着个体认知的发展，同化依次经历了三种形式：再现性同化、再认性同化和概括性同化。再现性同化是个体对出现的某一刺激做出相同的重复反应；再认性同化是个体辨别物体之间差异借以做出不同反应的能力；概括性同化是个体知觉物体之间的相似性并把它们归于不同类别的能力。

（2）顺应。顺应是指外部环境发生变化而已有的认知结构无法同化新信息时所引起的个体认知结构发生改变的过程，即个体的认知结构因外部刺激的影响而发生改变的过程。顺应与同化是相伴而行的，没有纯粹的同化，也没有单纯的顺应。同化是认知结构数量的扩充（图式扩充），而顺应则是认知结构性质的变化（图式改变）。因此，认知个体的发展是同化与顺应对立统一过程的产物。

（3）平衡。平衡是指个体通过自我调节机制使认知发展从一个平衡状态向另一个较高平衡状态过渡的过程。认知个体就是通过同化与顺应这两种形式达到与周围环境的平衡：当个体能用现有图式同化新刺激时，它便处于一种平衡的认知状态；当现有图式不能同化新刺激时，平衡即被破坏，而修改或创造新图式（即顺应）的过程就是寻找新的平衡的过程。个体的认知结构就是通过同化与顺应过程逐步建构起来，并在"平衡—不平衡—新的平衡"的无限循环中得到不断地丰富、提高和发展。

2. 建构主义学习理论的基本观点

建构主义学习理论是认知主义学习理论的进一步发展，该理论发展了早期认知学习论中已有的关于"建构心理结构"的思想，强调学生在学习过程中主动建构知识的意义，并力图在更接近、更符合实际情况的情境性学习活动中，以个人原有的经验、心理结构和信念为基础建构和理解新知识。

近年来，建构主义流派纷呈，呈现出百家争鸣的昌盛局面。各种建构主义观点的立足点尽管存在分歧，但它们对学习的观点都有以下几点共识：

（1）学习是学习者主动建构内部心理表征的过程。建构主义认为根本不存在一成不变的"客观"事实。学习不是由教师向学生传递知识，而是学生根据外在信息，通过自己的背景知识和经验，自我建构知识的过程。在这个过程中，学习者不是被动的信息吸收者和刺激接受者，他既要对外部信息进行选择和加工，又要根据新知识与自己原有经验背景知识的关联，主动地建构信息的意义。

（2）学习过程是一个双向建构的过程。建构主义认为建构一方面是对新信息的意义建构，运用原有的经验超越所提供的信息，另一方面又包含了对原有经验的改造和重组。在学习过程中，每个学习者都在以自己原有的经验系统为基础对新的信息进行编码，建构自己的理解，而且原有知识又因为新经验的进入而发生调整和改变，所以学习并不单单是信息的量的积累，它同时还包含由于新旧经验的冲突而引发的观念转变和结构重组，学习过程也不单单是信息的输入、存储和提取，而是新旧经验之间双向的相互作用过程。

（3）学习具有社会性。建构主义认为知识或意义是以学习者原有的经验背景知识为基础建构起来的，由于每个人所处的社群、积累的经验和具有的文化背景不同，因此每个人对事物的理解也存在个体差异。知识或意义不仅是个人主动建构的结果，而且需要依靠意义的社会共享和协商进行深层的建构。人的自然属性和社会属性决定了人们不可能孤立地在社会实际生活中完成学习，彼此之间必须进行交流和协作。通过对话、协商、沟通，学习者能看到那些与自己观点不同的观点，在多种不同观点的"碰撞"和"融合"中，不断进行自我反思，完善对知识的意义建构。

（4）学习具有情境性。建构主义认为学习发生于真实的学习任务中。真实的学习任务不仅有利于激发学习者的学习主动性，还是个体建构知识的源泉。这一方面表现在学习者理解、建构知识受到特定学习情境的影响，个人的认知结构是在与社会交互作用以及与其自身经验背景的相互作用的过程中，逐步形成与完善起来的。另一方面表现在知识在各种情况下的应用不是简单套用，而是需要针对具体情境的特殊性对知识进行再创造。

3. 构建主义学习理论的学习观

建构主义学习理论认为，知识不是通过教师传授得到的，而是学习者在一定的情境即社会文化背景下，借助学习过程中其他人（包括教师和学习伙伴）的帮助，利用必要的学习资料，通过意义建构的方式而获得。由于学习是在一定的情境即社会文化背景下，借助其他人的帮助即通过人际间的协作活动而实现的意义建构过程，因此有人认为"情境""协作""会话""意义建构"是学习环境中的四大要素或四大属性。[1]

（1）情境：学习环境中的情境必须有利于学生对所学内容的意义建构。

（2）协作：协作发生在学习过程的始终，对学习资料的搜集与分析、假设的提出与验证、学习成果的评价乃至意义的最终建构均有重要作用。

（3）会话：会话是协作过程中不可缺少的环节。学习小组成员之间必须通过会话商讨如何完成规定的学习任务。此外，协作学习过程也是会话过程，在此过程中，每个学习者的思维成果（智慧）为整个学习群体所共享，因此会话是达到意义建构的重要手段之一。

（4）意义建构：这是整个学习过程的最终目标。所要建构的意义包括事物的性质、规律以及事物之间的内在联系。在学习的过程中帮助学生建构意义就是要帮助学生对当前学习内容所反映的事物的性质、规律以及该事物与其他事物之间的内在联系达到较深刻的理解。

4. 建构主义学习理论的知识观

（1）知识不是对现实的纯粹客观的反映，任何一种传载知识的符号系统也不是绝对真实的表征。它只不过是人们对客观世界的一种解释、假设或假说，并不是问题的最终答案，但它必将会随着人们认识程度的深入而不断被变革、升华和改写，促进新的解释和假设出现。

（2）知识并不能绝对准确无误地概括世界的法则，提供对任何活动或问题解决都实用的方法。在具体的问题解决中，知识是不可能一用就准、一用就灵的，而是需要针对具体问题的情境对原有知识进行再加工和再创造。

（3）知识不可能以实体的形式存在于个体之外，尽管通过语言赋予了知识一定的外在形式，并且获得了较为普遍的认同，但这并不意味着学习者对这种知识有同样的理解。真正地理解只能由学习者基于自己的经验背景建构，而这取决于特定情况下的学习活动过程。否则，就不能叫作理解，而应叫作死记硬背或囫囵吞枣，是被动的复制式的学习。

5. 建构主义学习理论的学生观

（1）建构主义强调，学习者并不是空着脑袋进入学习情景中的。在日常生活

---

[1] 李艳，韩文静. 孔子因材施教的教育思想简述 [J]. 吉林教育学院学报，2008（4）.

和以往各种形式的学习中，学习者已经形成了有关的知识经验，他们对任何事情都有自己的看法。即使有些问题他们从来没有接触过，没有现成的经验可以借鉴，但是当问题呈现在面前时，他们还是会基于以往的经验，依靠他们的认知能力，形成对问题的理解，提出他们的假设。

（2）教学不能无视学习者已有的知识经验，简单地从外部对学习者实施知识灌输，而应把学习者原有的知识经验作为新知识的生长点，引导学习者从原有的知识经验中生长新的知识经验。教学不是知识的传递，而是知识的处理和转换。除了呈现知识，教师更应重视学生自己对各种现象的理解，倾听他们时下的看法，思考他们这些想法的由来，并以此为据，引导学生丰富或调整自己的解释。

（3）教师与学生、学生与学生之间需要共同针对某些问题进行探索，并在探索的过程中相互交流和质疑，了解彼此的想法。由于经验背景不可避免的差异性，学生对问题的看法和理解经常是千差万别的。其实，在学生共同体中，这些差异本身就是一种宝贵的现象和资源。建构主义虽然非常重视个体的自我发展，但是也不否认外部引导，亦即教师的影响作用。

（二）建构主义学习理论对信息化教学模式的指导意义

建构主义学习理论认为，学习是学习者通过一定的情境（即社会文化背景），借助其他人（教师或学习伙伴）的帮助，利用必要的学习资源，通过协作会话的方式，主动建构知识意义的过程。在这个过程中，学习者是学习活动的主体，教师是学习者学习的帮助者、促进者和引导者。在教学设计中，建构主义学习理论的指导作用主要体现在以下几个方面：

建构主义学习理论强调为学习者的学习提供真实的情境，一方面能激发学习者的学习动机，使学习者产生学习需求，驱动学习者主动学习、积极探究；另一方面能增强知识运用的情境性，有助于学习者完成知识的意义建构，实现知识的有效迁移。在教学设计程序的开发中，利用多媒体图、文、声、像并茂的优势，根据学习内容，将各种媒体资源有机整合，创设多媒体的直观情境，激发学生的学习兴趣。我们可以利用学生的好奇心和对问题的导向功能，巧妙地设置引人注意和启发思考的问题，调动学生探究发现的积极性，引导他们主动寻求解决问题的方法。同时还可以利用虚拟现实仿真技术，创设接近真实的在线实验情境，让学生在虚拟的实验情境中，完成实验操作和数据分析，培养学生科学研究的态度和能力。

1. 学生作为认知主体的体现

建构主义学习理论认为学生不是知识的被动接受者，不是被灌输的对象，而是信息加工的主体，在学习过程中发挥着认知主体的作用。在教学设计程序的开发中，不能仅仅注重知识内容的呈现，而更应强调学生在学习过程中认知主体的体现。教学程序既要为学生开辟自主学习的空间，又要为学习者之间的协作交流创造条件。

（1）自主学习的设计。在教学程序中，根据学习内容的特点，设计多种自主学习策略，提供各种符合学科特点的认知工具，引导学生自主完成知识的意义建构；设计层次分明、难度适宜的测试题，供学生在学习的过程中进行自我评价，并根据学生的作答情况及时给出适应性的反馈和建议。

（2）协作学习的设计。协作学习不仅能提高学生创新思维和发散思维能力，而且有利于培养学生人际交往的能力和团队精神。适当的协作学习任务（问题）和便利的通信工具是实现在线协作的前提。在教学程序的开发中，根据学习内容，设置学生感兴趣的问题，激发学生的协作动机，促使学生积极参与讨论；提供各种协作工具（电子公告板、聊天室、电子邮件和协作学习平台等），便于学生以问题讨论的形式进行在线交流和协商。

3. 教师作为主导作用的体现

建构主义学习理论强调在教学过程中教师主导作用的发挥，教师不再是知识的传授者和灌输者，而是学生进行意义建构的帮助者和促进者。在教学程序的开发中，我们可以通过以下三种途径实现教师的主导作用：

（1）设计教学策略帮助学生实现知识的意义建构。一门课程要引起学生的兴趣，促使学生积极投入，除了课程内容本身丰富精彩的因素，更重要的是教师要灵活而巧妙地设置各种不同的激励策略和教学策略，从多种角度来激发学生的学习动机，为学生提供个性化的学习指导，从而更好地发挥学生主人翁的精神，自主完成知识的意义建构。在教学程序中，教师可以在每个章节内容的学习前，针对本章节的具体学习内容，设计情感激励、问题诱导、任务驱动等动机激发策略，提供可行的学习建议和指导，帮助学生进行学习导读，教师还可以针对每个章节内容的重难点，设计"支架式策略""抛锚式策略""随机进入式策略"等自主学习策略，提供大量多媒体资源和其他网络资源，引导学生更好地理解掌握学习内容。

（2）引导和监控学习过程。为了保证学习顺利进行，教师的适时引导是必不可少的。在教学中，学生的自主学习和协作学习都离不开教师的引导。教师可以借助人工智能技术、设计专家系统或者伙伴助手，对学生进行在线的个性化学习指导，还可以开辟教师的答疑空间。学生在完成单元内容或课程内容的学习后，如果有困惑或者有难以解决的问题，可以通过电子邮件的形式发送请求，实现异步交流，还可以通过论坛的形式在线咨询，实现同步交互。

（3）设计学习评价。在教学中，教师根据课程教学目标的要求，设计大量不同类型和层次的测试题，学生可以在线进行自我测试，并依据反馈信息检验自己的学习是否达到学习目标的要求；教师还可以设置综合性强，且与课程内容相关的实际问题或任务，让学生通过设计问题解决方案、创作作品、设计实验操作等实践活动检验自己综合运用知识的能力。

三、多元智能理论

（一）多元智能理论的产生

20 世纪初，法国心理学家比奈创造了智力测验，用来测量人的智力的高低。1916 年，德国心理学家施太伦提出了"智商"这一概念：智商即智力商数，它是用数值表示智力水平的重要概念。1935 年，亚历山大第一次提出"非智力因素"这个概念。所谓"非智力因素"，是指记忆力、注意力、观察力、想象力、思维力等智力因素之外的一切心理因素，主要包括动机、兴趣、情感、意志、性格等，这些非智力因素都是直接影响和制约智力因素发展的意向性因素。但是，这一理论提出后，并未受到人们的关注。

1967 年，美国在哈佛大学教育研究生院创立"零点项目"，由美国著名哲学家戈尔曼主持。"零点项目"的主要任务是研究在学校中加强艺术教育，开发人脑的形象思维问题。从这以后的 20 年间，美国对该项目的投入达上亿美元，参与研究的科学家、教育家超过百人，他们先后在 100 多所学校做实验，有的人从幼儿园开始就连续进行 20 多年的跟踪对比研究，出版了几十本专著，发表了上千篇论文。多元智能理论就是这个项目在 20 世纪 80 年代的一个重要成果。

哈佛大学霍华德·加德纳教授在参与此项研究的过程中首先考察了大量的、迄今没有相对联系的资料，即关于神童的研究、关于脑损伤病人的研究、关于有特殊技能但心智不全者的研究、关于正常儿童的研究、关于正常成人的研究、关于不同领域的专家以及各种不同文化中个体的研究。通过对这些研究的分析整理，他提出了自己对智力的独特理论观点。基于多年来对人类潜能的大量实验研究，加德纳在 1983 年出版的《智力的结构》一书中，首次提出并着重论述了他的多元智能理论的基本结构，并认为支撑多元智能理论的是个体身上相对独立存在着的，与特定的认知领域或知识范畴相联系的八种智力，这些为多元智能理论奠定了理论基础。[1]

（二）多元智能理论对教育改革的意义

1. 多元智能理论有助于形成正确的智力观

真正有效的教育必须认识到智力的广泛性和多样性，并使培养和发展学生各方面的能力占有同等重要的地位。

2. 多元智能理论有助于转变教学观

多元智能理论认为，每个人都不同程度地拥有相对独立的八种智力，而且每种智力有其独特的认知发展过程和符号系统。因此，教学方法和手段就应该根据教学对象和教学内容而灵活多样，因材施教。

3. 多元智能理论有助于形成正确的评价观

传统的智力测验是片面的、有局限性的。多元智能理论认为，人的智力不是单一的能力，而是由多种能力构成。因此，学校的评价指标、评价方式也应多元化，学校教育应从纸笔测试中解放出来，注重对不同人的不同智能的培养。

---

[1] 李艳，韩文静．孔子因材施教的教育思想简述 [J].吉林教育学院学报，2008（4）.

4.多元智能理论有助于转变学生观

根据多元智能理论，每个人都有其独特的智力结构和学习方法。所以，对每个学生都采取同样的教材和教法也是不合适的。多元智能理论为教师提供了一个积极乐观的学生观，即每个学生都有闪光点和可取之处，教师应从多方面了解学生的特长，并采取适合其特点的有效方法，使其特长得到充分的发挥。

5.多元智能理论有助于形成正确的发展观

根据加德纳的观点，学校教育的宗旨应该是开发多种智能并帮助学生发现适合其智能特点的职业和业余爱好。多元智能理论认为，应该让学生在接受学校教育的同时，发现自己至少有一个方面的长处，从而热切地追求自身内在的兴趣。

四、素质教育理论

素质教育是指一种以提高受教育者诸方面素质为目标的教育理念，相对于应试教育，它更突出人的思想道德素质、能力培养、个性发展、身体健康和心理健康教育。

（一）素质教育

1.素质教育的定义

目前，由于对素质教育内涵的研究角度不同，教育界给"素质教育"下的定义也不尽相同。有人依据"强调点"归纳"素质教育"；有人强调以人的发展为出发点；有人强调人的发展和社会发展；有人强调公民素质；有人强调先天与后天相结合；有人把各种素质平列；有人试图划分素质层次；还有人强调通过科学途径充分发挥天赋、综观这些定义，虽然表述不一，但有着共同特点：

第一，素质教育是以全面提高全体学生的基本素质为根本目的的教育。

第二，素质教育要依据社会发展和人的发展的实际需要。

第三，在某种意义上，素质使人联想到潜能。这些定义不仅都主张充分开发智慧潜能，还主张个性的全面发展，重视心理素质的培养。

依据以上分析，笔者认为可以将素质教育定义为：素质教育是依据人的发展和社会发展的实际需要，以全面提高全体学生的基本素质为根本目的，以尊重学生个性，注重开发人的身心潜能，注重形成人的健全个性为根本特征的教育。

2. 素质教育的本质

素质教育从本质上来说，就是以提高国民素质为目标的教育。这是从教育哲学的角度，在教育目的层次上对素质教育概念的一种规定，这一规定把素质教育与其他种种不是以提高国民素质为目标的教育区分开来。例如，它明确地区分了素质教育与应试教育。

第一，素质教育的目标是提高国民素质；而应试教育的目标是"为应试而教，为应试而学"，在此目标导向下，即使客观上能使部分学生的某些素质获得浅层次发展，也可能影响其他方面的发展。

第二，素质教育以提高国民素质为目标，必然要面向全体学生，面向每一位未来的国民；而应试教育则更多关注学生的应试能力。

第三，素质教育为了提高国民素质，强调教育者应发挥创造精神，从学校实际出发设计并组织科学的教育教学活动，促进受教育者在自主活动中将外部教育影响主动内化为自己稳定的身心素质；应试教育则是教育者跟着考试指挥棒亦步亦趋，教学方法上以灌输、被动接受为基本特征的一种教育方式。

（二）实施素质教育的意义

1. 实施素质教育是我国社会主义现代化建设的需要和迎接国际竞争的迫切需要

进入 21 世纪以来，我国的经济体制从计划经济体制转变为社会主义市场经济体制，经济增长方式从粗放型转变为集约型。我们正在实施科教兴国战略和可持续发展战略，已在 21 世纪激烈的国际竞争中处于战略主动地位。在实现现代化这一宏伟实践当中，在完成新的社会转型的过程当中，我们面临着资金、技术和物质资源不足等问题，而最大的问题是缺乏高素质人才的问题。在我国这样一个人口众多的发展中国家，大力加强人力资源能力建设是实施人才强国战略的关键。

2. 实施素质教育是迎接 21 世纪科技挑战的需要

当代科学技术发展的特点是发展速度加快，新领域突破增多；学科高度分化而又高度综合；科学技术转化为生产力的周期大大缩短；知识信息传播超越时空。当代科学技术的飞速发展也带来了产业结构的不断调整和职业的广泛流动性。所有这些都对未来人的素质的培养和教育提出了新要求。为了更好地迎接21世纪科学技术发展和知识经济的挑战，每一个人都必须终身学习，不断调整、提高、发展自己。在终身教育观、大教育观的指导下，基础教育阶段具有特殊的意义，每一个人在基础教育阶段都要打好基础，养成基本素质，学会学习，学会自主地发展自己。

3. 实施素质教育既是社会的要求，又是教育领域自身的要求

我国正在实施九年制义务教育。所谓义务教育，指的是依据法律，国家、社会、家庭必须予以保证适龄儿童青少年接受的一定年限的教育。义务教育的本质要求是使每一个人都得到应有的发展，而素质教育面向全体反映了义务教育的这一本质要求。

终身教育是我们打开21世纪大门的一把钥匙。终身教育概念起初被应用于成人教育，后来逐步被应用于职业教育，现在则包括整个教育过程和个性发展的各个方面。应试教育的倾向不能适应时代的需要，实施素质教育也正是在克服应试教育的倾向中逐步明确、逐步提出的基础教育改革课题。素质教育是我们时代和社会的需要，是我们基础教育改革的时代主题，也是我们克服应试教育影响的总对策。

第二章 大学英语教学基础认知

第一节 大学英语课程设置与教学构成

一、大学英语课程设置情况概览

课程设置实际上是一种课程体系，主要围绕教学目标进行课程内容的选择，在此基础上划分课程门类及其对应的学分和学时，并进行学年及学期顺序的编排。《大学英语课程教学要求》（以下简称《课程要求》）中指出，高校大学英语教学改革的主要内容是围绕本校学科专业特色开展大学英语课程设置。对大学英语课程设置进行改革，首先要进行充分的需求分析，根据分析结果对现有的教学资源进行有效整合，并根据《课程要求》，结合本校制定的大学英语教学改革规划，完成课程设置，确保不同专业类型、不同层次、不同需求的学生在英语应用能力方面得到充分的训练和提高。[1]

大学英语课程不仅是一门语言基础课程，也是一门拓宽知识、了解世界文化的素质教育课程，兼有工具性和人文性。因此，在设置大学英语课程时，也应当充分考虑对学生的国际文化知识的传授和跨文化素质的培养。大学英语教学的目标主要有三个：第一，培养学生的英语综合应用能力；第二，培养学生的跨文化英语交际能力；第三，培养学生具备良好的英语学习策略的能力。达到这三个目标，就能使学生在今后的学习、工作和社会交往中用英语进行有效的交际，增强

---

[1] 刘英爽.国际化背景下大学英语跨文化教育的瓶颈和转型趋势 [J].教育评论，2016（7）.

其自主学习能力，提高综合文化素养，以适应我国社会发展和国际交流的需要。在确保大学英语作为通识教育必修课的基础上，各校可根据实际情况，按照《课程要求》和本校的大学英语教学目标，设计出适合本校专业人才培养的大学英语课程体系，将综合英语类、语言技能类、语言应用类、语言文化类和专业英语类等必修课程和选修课程有机结合，确保不同层次的学生在英语应用能力方面得到充分的训练和提高。

（一）大学英语必修课程设置情况

虽然《课程要求》对大学英语必修课程的学分和学时没有做出明确的要求，但原则上要求给予足够的学时和学分，并要求学校加强对现代信息技术的运用，积极探索和开发各类网络教程，为学生的自主学习提供保障，满足不同英语水平学生的需要，满足个性化学习和专业发展的需要。

根据 2000 年以来国内高校大学英语课程设置情况的对比研究，在我国高校普遍压缩学时学分的形势下，大学英语必修课的学时、学分普遍减少，而且部分学校减少大学英语必修课学时、学分的幅度还比较大。但大学英语作为一门必修课的地位没有动摇，大学英语教师在教学过程中越来越重视培养学生的英语综合应用能力和提高跨文化素养。

大学英语课程主要以综合英语为主，英语视听说为辅，重视听说读写译综合能力的培养。在开展以综合英语为主、视听说为辅的课堂教学的同时，多数高校还根据《课程要求》关于"基于计算机和多媒体课堂的英语教学模式"的意见，加强大学英语网络自主学习中心的建设，保障学生课外基于网络的自主学习。不少高校还通过购置或自主开发大学英语学习系统，充分发挥大学英语网络自主学习中心的作用，比如，要求学生利用大学英语网络自主学习中心的设备条件和软件系统自主学习，训练大学英语口语、大学英语写作，并将其学习进度情况和效果纳入期末学生考评体系。

由于学生在招生类型及专业发展等方面的差异，高校在大学英语必修课设置中也有很大的差异性。例如，由于我国高校国际化发展的深入，中外合作办学项目在高校招生类型中占有一定的比例。根据这类学生的发展需要，为了突出国际化的特色，通常在大学英语必修课学分、学时上都有较高的要求，在开设课程的门类上往往也跟国际接轨，特别重视学生的口语、写作等语言输出技能训练。所以，大多数学校对中外合作办学项目学生都单独开设了口语课或者写作课。

（二）大学英语选修课程设置情况

近些年，关于大学英语课程设置的问题，我国英语教学界出现了两种完全不同的教学理念取向，一种认为应把大学英语当作英语专业来教，另一种则是坚持大学英语应当为学生专业学习服务的理念。

持上述第一种教学观念取向的学校参照英语专业的课程设置和教学模式开展大学英语教学，即在基础阶段开设综合英语和视听说等一系列必修课程，在提高阶段主要开设以提高学生英语能力为目标的各类课程，如英语报刊选读、英语影视欣赏等。根据蔡基刚对全国 65 所高校大学英语选修课程设置情况的调查，这类大学英语提高阶段的课程设置和教师安排等方面已经不区分大学英语专业和非英语专业，只是在学分和课时上有一些细微的区别。这样，不同专业的学生可以共上一门选修课。近年来，随着大学入学新生的英语水平逐步上升，大学英语综合英语必修课程的学期数减少，越来越多的高校开始认可英语选修课程。

持第二种观点的学校在大学英语提高阶段选修课程的设置方面各有千秋，但其教学观都落脚在专门用途英语（English for Specific Purposes，简写为 ESP）课程的设置上，各校根据校本专业特色及发展定位开设各种各样的 ESP 课程，如服务于应用型本科人才培养的知识产权行业英语、涉外律师英语、会计英语、建筑英语、汽车行业英语、IT 行业英语、纺织行业英语、空调制冷行业英语等各类行业英语课程；服务于研究型本科人才培养的学术英语写作、科技英语阅读、管理科学英语、网络科技英语、法律英语等各类学术英语课程。[1]

以上两种教学观最大的不同在于课程设置。不同的教育观念及其取向必然会对大学英语课程教学改革及研究方向产生不同的影响，究竟是采用英语专业的教学模式，还是坚持为专业学习服务？或者以某一种取向为主，兼顾另一种取向为辅？对上述问题的回答，每个学校可能有不同的答案。面对我国目前基础教育

---

[1] 刘英爽.国际化背景下大学英语跨文化教育的瓶颈和转型趋势 [J]. 教育评论，2016（7）.

水平不断提升、高等院校大学新生英语水平普遍提高的现状，全国高校也在不断探索和深化大学英语教育教学改革，专门用途英语（ESP）越来越受到重视。在新形势下，我国大学英语教学改革的目的在于满足学生的发展需要，满足高等教育国际化的社会需要，满足学校本科专业人才培养的需要。因此，学校要从分类、分层次的教学原则出发，围绕各自的办学特色和发展定位，改革现有的大学英语必修课程设置，不断提升学生的英语综合应用能力。与此同时，要加强 ESP 大学英语选修课程建设，重视通用英语（English for General Purposes，简写为 EGP）和专门用途英语（ESP）之间的交叉融合，加大大学英语课程体系的建设力度，不断凝练和固化校本特色的课程体系，更好地服务于本校专业人才培养。

在课程设置中，要坚持四大原则，即将专业学习与个人发展相结合，将必修课与选修课相结合，将课堂教学与自主学习相结合，将 EGP 和 ESP 相结合。另外，还要注意课程设置既要体现人才培养方案的要求，又要考虑学生自身发展的需求。

在课程性质上，不仅要认清当前很多高校将大学英语课程学分压缩和课时减少的事实，也要保障学生在基础学习阶段的大学英语必修课，还要充分利用学校的通识课（选修模块），陆续开设、建设各种类型的 EGP 和 ESP 课程，在努力提高大学英语必修课效率的同时，尽可能给予学生更多学习 ESP 课程的机会，尽可能满足不同学生的不同需求。

在深化大学英语教学改革的过程中，要不断更新教育教学观念，寻求破解 EGP 和 ESP 课程认识的误区，将综合英语类、语言技能类、语言应用类、语言文化类和专门用途英语类等必修课程和选修课程有机结合，建设科学、合理、系统的大学英语课程体系，突出本校特色，确保大学英语四年不断线，确保不同类别、不同层次的学生在英语应用能力和跨文化素养方面得到充分的训练和提高。

随着高等教育国际化的不断深入，大学英语课程的重要性不断提高。从目前的形势来看，大学英语教学与课程设置改革面临着前所未有的压力与挑战：其一，高等学校对英语课程的学分和学时进行大幅度压缩，导致其在学校必修课中的地位下降；其二，学校仍然对教师提高教学水平和学生提高英语运用能力的期望较高。在大学英语教育教学改革中，教师起着关键性的作用，其不仅要充分发挥自身的积极性、主动性和带动性，还要努力争取管理者的理解和支持，尽可能为学生提供个性化的服务。这正是积极开展大学英语课堂教学研究的意义所在。

二、大学英语课程教学构成要素分析

随着现代信息技术的不断发展，现代教学媒体在教学中发挥的作用越来越显著，对传统的教学系统产生了极大的冲击。虽然现代教学系统仍由教师、学生、教学内容、教学媒体这四个基本要素构成，但这四个要素在现代教学系统中的作用发生了根本性的变化，而且这四个要素之间存在着相互的联系和作用，是一个有机整体。现代多媒体教学的广泛应用，最大限度地改变了这四个要素在传统教学中的相互关系，加快了各要素之间的信息传递的速度，提升了信息的转化效率。

（一）大学英语学习者

大学英语课程教学的出发点和落脚点都应当是学生，因此研究大学英语教育教学首先要研究大学英语学习者。

近年来，随着大学新生英语水平的不断提高，学生对自己的英语综合能力的要求也不断提高。现在的大学新生都是在基础教育实施"新课标"后开始学习英语的，他们在英语课程的学习目标定位、学习理念、学习动机、学习方式和方法、学习条件等方面都具有较为明显的特点。

大学生学习大学英语的目的很明确，就是要通过大学英语的学习，提高自己的英语综合应用能力，特别是听说能力，从而在今后学习、工作和社会交往中能用英语进行有效的交际。同时，在经济全球化、文化多元化、交流信息化的时代背景下，大学生也急需提升自身的综合文化素养，特别是跨文化素养。

通过基于新课标的基础教育，这些大学新生把英语学习与今后升学、就业和终身学习紧密结合，力求把自己培养成具备基本英语素养和跨文化素养的 21 世纪公民；他们能根据自身的认知特点和学习发展的需要，着重提高用英语获取信息、处理信息、分析和解决问题的能力以及用英语进行思维和表达的能力，增强自身跨文化理解和跨文化交际的意识和能力；他们能根据自身发展的需要选择个性化的学习方法、学习策略，最大限度地发展个人潜能；他们注重通过英语学习策略的训练，不断优化学习方式，提高自主学习的能力；他们深受建构主义学习理论的影响，能把课程的学习作为自己主动建构知识和意义的过程。

现在的大学新生都是 2000 年后出生的，是伴随着互联网快速发展而成长起来的新一代公民，是典型的数字原住民（Digital Natives）。随着网络信息技术的迅猛发展，强调依靠信息技术进行意义建构与知识创新的建构主义学习观盛行。对现在的大学新生来说，学习是一个积极且有意义的知识建构和真实的体验过程，学习是他们讨论、合作、协调和知识共享的完整的过程，而不是孤立的技能训练。

在大学英语课程教学中，小班授课越来越普及，多数学校通常都以专业自然班作为授课班级，一般情况下，每个自然班学生人数大多为 30—40 人。学生课外英语学习方式丰富多样，学生在图书馆、宿舍、网络自主学习中心等场所，采用各种媒体途径，根据兴趣开展在线多模态阅读（包括视读、听读），免费下载自己爱好的各种英语歌曲、演讲、Ted 教育视频等，课外随时随地用手机、平板电脑等工具播放。他们也会在线发布一些评论，通过 QQ、微信等社会化协作软件与外界保持联系和互动，而且这种互动一般与阅读、写作交织在一起，语言输入和语言输出相得益彰。高校外语文化氛围普遍比较浓厚，学生不仅可以通过在线观看英语影片等不同途径欣赏外语文化，还可以通过参加英语角、英语文化周（月）等各种外语活动，提高语言应用能力。

（二）大学英语教师

教学活动离不开学生和教师两个主体。学生是"学"的主体，在以学习者为中心的教育理念下，充分发挥学生的中心地位意义重大。但作为"教"的主体，教师在教育教学过程中起着主导性作用，因此大学英语师资队伍建设对深化大学英语教育教学改革起着至关重要的作用。

近年来，高校大学英语师资队伍不断壮大，在学历层次、专业水平和科研能力等方面都有较大幅度的提升。在大学英语教师队伍中，随着 20 世纪 50 年代出生的教师陆续退休，现职教师大多是硕士及以上学历，有国外留学或工作经历的教师也占有一定的比例，很多重点大学要求教师有国外访学深造的经历。外籍教师也成为大学英语师资队伍中不可或缺的组成力量，在中外合作办学项目和某些民办特色学校，外籍教师甚至成了大学英语师资队伍中的主力军。

在大学英语教材不断更新、升级的市场机制推动下，基于新教材的大学英语教师培训，使大学英语教师在教学理念、教学方式与方法等方面与时俱进，教学水平不断提高。广大大学英语教师非常注重对学生英语综合能力的培养，在以教师为主导的同时，普遍关注、探索以学生为中心的教学法，取得了显著的成效。

在高校本科教学质量评估的政策推动下，高校大学英语教学条件建设发展迅速，多媒体教室和大学英语网络自主学习中心得以普及，为大学英语教师探索基于计算机和课堂的教学模式、改善教学效果奠定了坚实的基础。

为确保大学英语教师队伍的健康发展，各校大学英语教学部门完善制度，改进工作机制，通过教改、教研、教师专业发展一体化的团队建设，加强课堂观摩教学、师资力量培训与学术交流，推动学习型师资团队和教学团队建设，提升大学英语教学整体水平。现在的大学英语教师不仅要"站好讲台"，还要积极投身教改、教研，发表学术论文，编写、出版校本特色英语教材。

随着大学英语课程体系改革的不断深入，大学英语师资队伍建设也出现了一系列难题，为应对各种挑战，大学英语教师也急需转型，其职责不再仅局限于教授传统的语言技能，还要根据学生的专业学习要求以及就业需求开设相关课程，如学术英语课程（English for Academic Purposes，简写为 EAP）或职场英语（English for Occupational Purposes，简写为 EOP）。然而，由于高校普遍缺少对 ESP 师资队伍的建设举措和规划，大部分大学英语教师对此存在畏难情绪，迈不出转型的步伐。此外，由于缺乏必要的政策引导和鼓励，"双师型"师资在学科专业归属以及职称晋升等诸多方面均面临着难题，导致了学校在 ESP 师资方面出现了严重的缺口。

大学英语"教"的主体无疑就是大学英语教师。但在我国高校，"教"的主体不能仅局限于教师，还需要包括教学管理者，也就是说，大学英语教学的主体由学生、教师和管理者三者共同构成，其中，管理者在我国高等教育体制之下起着至关重要的作用，甚至是决定性的作用。深化大学英语教学改革离不开管理者的充分重视和参与，在我国大学英语教学改革中，管理者涉及众多，主要由三个部分组成：一是各级教育行政主管，如教育部、省市教育厅（局）等；二是大学英语教学的部门主管；三是指导大学英语教学的学术机构。以上这些管理者囊括了大学英语教学改革的决策者、组织者以及管理者，对改革起着决定性的作用。以学校教学管理职能部门教务处为例，大学英语课程教学管理与改革的方方面面都离不开教务处的管理和支持，如本科人才培养方案中对大学英语课程性质的定位、学分与学时分配、教学资源配置、教学改革立项、学生分级分班、课程排课、教学场所安排、学生竞赛资助、教学奖励等。此外，学校主管教学的部门领导的支持也能有效地推动大学英语教学改革的开展。因此，大学英语教学部门应当加强同相关职能部门领导的交流与沟通，以此促进改革的顺利开展。

（三）大学英语教学内容

大学英语课程的教学内容主要包括英语语言知识、听说读写译的技能以及英语文化知识和跨文化交际技能。

随着网络教学模式的普及，大学英语的教学内容在教材载体上不断更新升级，除传统的纸质教材外，学生还可以根据自己的实际情况进行自主学习，充分利用各类媒介接触国内外的优质教学资源。多元化的教学资源突破了传统纸质教材的局限性，立体化、数字化（如 DVD、网络在线学习系统等）的教材体系为大学英语教学提供了题材广泛、形式多样的教学材料，很好地满足了新媒介时代学生的个性化学习需求。同时，除了选用高水平优质教材，各校纷纷开发本校特色教材，实现本校教学资源的数字化，以此满足学生的个性化需求，尽可能让学生体验真实性的教学材料和教学环境。

大学英语教学内容与时俱进，除了传统的读写能力，文化素养也成为大学英语教学中不可或缺的内容。新媒介时代，即便是读写能力，在内涵上也发生了巨大的变化。现在的读写能力不仅仅指正确使用，还指能更加充分和全面地交流和表达意义，体现了对交流更加广义的理解以及更加积极的学习方法。以写作学习为例，以往学生都是在实体纸上写作，一旦产出错误，很难修改，现在学生可以利用 Word 对文本进行反复修改，且操作便捷；过去，优秀的英语学习者在课外有坚持用英语写日记或周记的好习惯，而现在学生可以通过手机短信、电子邮件或微信等社交软件随时进行写作和交流互动。另外，现在的写作也更加口语化、非正式化，经常使用缩写、情绪符等，数字化、可视化极大地丰富了文字表达的形式和内涵，集成性视听文本（如飞信、微信）在青年学生中广为流行。现在的书面课文通常都配有数字化在线多模态文本，除了与纸质课文相配套的在线文字形式，经常还有音频、视频等辅助学习媒介。在基于计算机和课堂的大学英语教学模式普及过程中，教材的观念逐步为教学资源所替代。教学资源建设成为新媒介时代大学英语课程建设的核心内容之一，不仅决定着课程的教学内容，还是大学英语教学工作者教学观念的重要反映。"一本书，一个讲台"，这种以教师的"讲"为主的传统教学模式已经成为历史。由于信息时代知识的公开性、共享性，作为知识传播的主体——教师的权威性受到挑战。时代在呼唤能顺应信息化发展的新型教师。

（四）大学英语教学媒体

随着新媒介的迅猛发展，在现代教学系统四要素中，教学媒体要素越来越重要，极大地影响着其他三个要素。

近年来，高校大学英语课堂教学条件和学生自主学习条件都发生了巨大的变化。多媒体教室、网络教室得到普及，基于计算机和课堂的教学模式成为大学英语教学模式的主流，以多媒体为特征的大学英语教学资源有力地支持、促进了学生的个性化学习和交流。

在课堂教学中，教师可以充分利用各类教学工具激发学生的学习兴趣，如教学视频、教学图片等，以此让学生感受多模态的学习环境，来达到更好的教学效果。教师还可以有效结合课内教材与课外读物，提倡并鼓励学生多进行课外拓展学习，充分利用网上资源巩固所学知识。

泛在学习、非正式学习已逐渐成为学生课外学习主体。学生采用各种媒体途径，如手机、个人电脑、iPad（平板电脑）、课本、校园网、校园广播、网络自主学习中心，根据个人兴趣和学习发展需要，进行多媒体、多模态学习，课外随时随地用手机、iPad 等播放学习资源，或通过 QQ、微博等社交软件与外界保持联系和互动。一系列实验研究表明，文字、声音和图像这三种方式相结合的多模态学习方法有利于提高学生学习的效率。同时，借助多媒体进行教学，对学生的外语学习有更大帮助，因为图像与声音比文字更形象、生动。多模态学习即运用视觉、听觉和言语等多种模式同时进行学习，有利于减轻学习者认知负荷，加强学习的持久性，有利于改进学习效果。

目前，各大高校加强对学校信息化的建设，不仅普及了多媒体教学，还加大了对网络自主学习中心的建设力度，极大地改善了教学条件。以某学院为例，近五年共改建、新建了 8 个网络自主学习室（近千个学生终端），可以满足全体学生每周 2 个学时的课外自主学习的需要。在改善网络教学条件的同时，学校还专门设立了计算机辅助语言教学部，积极探索基于计算机网络的英语教学改革，开展基于网络的大学英语听说、写作实训课程的教学实验，保障大学英语网络自主学习，建设具有本校课程特色的大学英语课程资源。立体化、多元化的教学资源促进了教学内容的多元化发展，也给多模态教学提供了保障，为学生营造了一种真实且有意义的学习环境。当前，大学英语教学改革的核心之一就是探索怎样利用教学媒体优化教学系统。

第二节　影响大学英语教学的多元性因素

大学英语教学中的因素有很多，这里主要指影响大学英语教学的因素，虽不能对每一个因素都详述，但对影响大学英语教学的主要要素，如教师、学生、教学内容、教学方法、教学环境等因素进行分析。

一、教师

教师是大学英语教学的重要因素，在英语教学中起着主导作用。在英语课堂上，教师主要充当两种角色，即掌控者和引导者。作为一名合格的英语教师，首先应该具有纯正的发音。然而，并非所有的英语教师都具有纯正的发音，所以教师可借助广播以及多媒体等手段弥补自己的不足，确保学生在课堂上所听的发音都是纯正的。同时，教师在讲解单词、句子、课文时，应该穿插一些解释，不断重复讲解难懂的词语。

在多数英语课堂上，教师的讲话占据着课堂大部分的时间，不可否认，教师的讲话有利于培养学生的语言习惯，但不能牺牲学生的练习时间。同时，教师要注意不断变换教学形式，以增强课堂的趣味性。一名合格的英语教师还应具备一定的应变能力，能预测课堂活动中出现的状况，能很好地处理课堂上的突发事件，确保课堂活动的有序开展。

此外，教师应该随时调整自己的提问、语言运用、提供反馈的方式。在英语课堂中，提问是教师常见的一种教学手段。通过提问，可以有效激发学生的学习兴趣，促使学生积极思考，帮助教师对某些知识结构进行诱导。另外，语言运用的方式也很重要，为了让学生对所讲述的知识有一个充分的了解，教师在教学中可以采用重复话语、降低语速、增加停顿、改变发音、调整措辞、简化语法规则、调整语篇等措施。[1]

学生是英语教学的重要反馈者，教师的反馈也十分重要。所谓提供反馈，是指教师为学生的学习情况提供反馈。教师的反馈可以是对学生话语的回答，如表示学生问答正确或错误、赞扬鼓励、扩展学生的答案、重复学生所答、总结学生回答、批评。总之，教师反馈的目的就是采用不同形式的教学方法，调动学生的积极性，扩展学生的知识面，培养学生的学习能力，提高整体教学效果。

二、学生

（一）角色定位

在英语教学中，学生主要扮演以下几个角色：

---

[1] 王汉英，胡艳红，徐锦芬. 美国康奈尔大学外语教学观察与思考 [J]. 教育评论，2015（7）.

1. 主人

学生是英语教学中的主人，其对知识的探索、发现、吸收以及内化等实践活动都有利于知识体系的构建。

2. 参与者

作为英语教学活动的重要参与者，学生应积极主动地参与到各项活动中，积极思考，勇于表达自己的观点，展示个人的才能。

3. 合作者

英语教学是师生之间及学生之间共同进行的教学活动，因而团队合作是不可缺少的。在合作中，他们可以相互学习、相互帮助，共同提高。

4. 反馈者

在英语教学中，学生的反馈信息是教师改进教学的一个重要依据，学生可以结合自身学习经历，就教学法的实用性向教师提出建议或意见，并协助教师改进和完善教学内容和教学方法，从而提高教学效果。

（二）个体差异

1. 语言潜能的差异

语言潜能是一种固定的天资。如某些人较其他人有更高的语言能力水平，有这种能力的人，在语言学习方面可能会取得更快的进步。卡洛尔（Carroll）认为，语言潜能包括以下几个方面：

（1）语音编码、解码的能力，即关于输入处理的能力。

（2）归纳性语言学习的能力，即有关语言材料的组织和操作的能力。

（3）语言敏感性，即从语言材料中推断语言规则的能力。

（4）联想记忆能力，即关于新材料的吸收和同化能力。

每个学生的语言潜能都存在差异。在英语教学过程中，教师应了解学生的语言潜能，因材施教，使之针对不同的学习任务在不同场合发挥各自的长处，以收到事半功倍的效果。

2. 认知风格的差异

认知风格又称认知方式，是指个体在认知过程中所表现出来的习惯化的行为模式，它既包括个体知觉、记忆、思维等认知过程方面的差异，也包括个体态度、动机等人格形成、认知功能及认知能力方面的差异。每个学生都有各自不同的认知风格，然而，不同的认知风格又有优劣之分，但这并不体现在学生的学习成绩上。每个学生都有自己偏爱的信息加工方式，在学习不同材料时也会各有所长。

当学生的认知风格与教师的教学风格、学习环境中的某些因素相吻合时，学生就会获得好的学习成绩。因此，教师应了解并尊重学生的认知风格，针对不同的学习任务和学习环境因材施教、正确引导，使自己的教学特点与学生的需要有机地结合起来，从而获得良好的教学效果。

3. 情感因素的差异

（1）学习动机。学习动机是一种激发个体进行并维持已引起的学习活动，并使其行为朝向一定的学习目标的内在过程或内部心理状态，是直接推动学生进行英语学习的内部动力，是影响英语学习成绩的一个关键因素。学习动机来源于学习活动，也是学习活动得以发动、维持、完成的重要条件，并由此影响学习效果。

（2）性格。性格是指一个人对现实的态度和行为方式中表现得比较稳定但又可变的心理特征，是学生重要的情感因素，也是其英语学习成功与否的关键因素之一。人的性格大体可以分为外向型和内向型两种。埃利斯认为，外向型的学生有利于交际方面的学习，因其喜欢交际，不怕出错，能积极参与英语学习活动，并在活动中寻求更多的学习机会；而内向型的学生在发展认知型学术语言能力上更占优势，因其善于利用沉静的性格从事阅读和写作。对于教师来说，研究学生的性格差异的最终目的是充分了解学生的个体差异和不同的心理状态，发挥不同性格学生的优势，因材施教，以获得更理想的教学效果。

（3）态度。态度是个体对他人或事物的稳定的心理倾向或为达到某种目的而做出的努力，是影响学习效果的重要因素之一。学习态度一般包括情感成分、认知成分和意动成分。情感成分，就是对某一个目标的好恶程度；认知成分，是对某一个目标的信念；意动成分，是对某一个目标的行动意向以及实际行动。通常来讲，学习者要获得好的学习效果应该对异质文化具有好感，向往其生活方式，渴望了解其历史、文化和社会习俗等。相反，学习者对外族文化抱有轻蔑、厌恶甚至仇视的态度去学习该族语言是学不好的。此外，学生对学习材料、教学活动的组织形式及对教师的态度都会影响他们学习语言的效果。

分析学生的个体差异有利于教师制订合理的教学计划，选择适合的教学材料及方法。

（三）成功的语言学习者的特点

1.认真并愿意听教师讲课，坚持做笔记，对教师讲过的单词、短语、句子和课文等定期复习。

2.具有冒险精神，能大胆地运用所学知识，不怕犯错，对于教师的纠正有较好的态度。

3.善于思考，可以用英语思维考虑问题，能将所见所闻与学过的英语知识联系起来。

4.懂得通过与教师的交流提高自己的语言水平，主要表现为经常提问、积极发言。

5.有适合自己的学习方法，并且彼此之间存在差异。例如，有的学生喜欢早上背单词、课文；有的学生则善于睡前背诵单词、课文。因此，学习者应该善于寻找和琢磨适合自己的学习方法和时段。

6.有长远的学习目标，要使近期目标比目前学习的内容更加深入，善于充分利用有限的课堂时间与教师和同学进行交流。

7.懂得安排自己的课后时间，懂得学习英语需要持之以恒的态度。

三、教学内容

教学内容是指在教学活动中为实现教学目标，师生共同作用的知识、技能、技巧、思想、观点、概念、原理、事实、问题、行为习惯等的总和。教学内容是一种特殊的知识系统，既有别于语言知识本身，又不同于日常经历；既要考虑英语学科本身的知识体系，又要考虑学生的年龄特点和实际需求等。通常来讲，教学内容主要包括以下五个方面：

（一）语言知识

语言知识是语言学习和语言运用的重要内容之一。英语语言知识是综合英语运用能力的有机组成部分，英语语言能力的形成是以语言知识为基础的。

（二）语言技能

英语语言技能主要包括听、说、读、写四个方面，它们是形成综合语言运用能力的基础和必要手段。"听"的技能是指分辨和理解话语的能力；"说"的技能是指运用口语表达思想、输出信息的能力；"读"的技能是指辨认和理解书面语言的能力；"写"的技能主要指运用书面语表达思想、输出信息的能力。在大量听、说、读、写等专项及综合性训练中，学生将会逐步提高这几种技能的综合运用能力，为真实的语言交际奠定基础。

（三）情感态度

情感态度是指兴趣、动机、自信、意志和合作精神等影响学生学习过程和学习效果的相关因素。积极的情感态度有利于发挥学生潜在的各种技能；相反，消极的情感态度会阻碍学生语言学习能力的养成。因此，教师在教学中应不断激发并强化学生的学习兴趣，引导他们逐渐将学习兴趣转化为稳定的学习动机，从而形成积极的情感态度。

（四）文化意识

文化意识是指所学语言国家的地理、历史、风土人情、传统习俗、生活方式、文学艺术、行为规范、价值观念等。对于英语学习者来讲，接触和了解英语国家的文化可以加深其对英语语言的理解和使用，提高其人文素养，培养其世界意识。因此，教师在英语教学中要注重向学生渗透外国文化，根据学生的年龄特点和认知能力，传授文化知识，培养其文化和世界意识。

（五）学习策略

学习策略是指学生为有效地学习和发展而采取的各种行动和方法。英语学习策略主要包括认知策略、调控策略、交际策略和资源策略等。培养学生的学习策略可以促使他们有效学习，为终身学习奠定基础。好的学习策略可以改进学习方式，提升学习效果，还能使学生学会如何学习，从而形成自主学习的能力。因此，教师要帮助学生形成自己的学习策略，对自己的学习过程和效果进行监控和反思，培养学生根据学习风格调整学习策略的能力，引导学生善于观察他人的学习策略，乐于尝试不同的学习策略。

四、教学方法

教学方法是教师和学生为了实现共同的教学目标，完成共同的教学任务，在教学过程中运用的方式或手段的总称。从古至今，英语教学中出现过不少教学方法，它们也都在英语教学中发挥过作用。然而，事实证明，教学方法没有最好的，只有最有效的。具体地说，英语教学中采用固定的、一成不变的方法，将会引起学生的反感，也会降低英语教学的效率。即使在一堂课使用一种教学方法，学生也会感到单调、乏味。

五、教学环境

（一）教学环境的要素

教学环境是一个由多种不同要素构成的复杂系统。广义的教学环境是指影响学校教学活动的全部条件，是物理环境和心理环境；狭义的教学环境指班级内影响教学的全部条件，包括班级规模、座位模式、班级气氛、师生关系等。因此，我们将教学环境的要素总结为以下几个方面：

1.社会环境

这一环境是影响和制约外语教学的重要因素，主要涉及社会制度、国家的教育方针、科学技术水平、经济发展状况、人文精神、外语教育政策、社会群体对英语学习的态度以及社会对英语的需求程度等方面。英语教学发展的主要动力就是社会环境，它对英语教学有着极强的导向作用。

2.学校环境

为学生提供学习场所和学习手段的最佳环境就是学校。学校环境对英语教学的影响是最重要和最直接的，它决定着多数学生英语学习的成败。学校环境主要涉及课堂教学、接触英语的频次、班级的大小、教学设施、教学资料、英语课外活动、英语教师及其他教职工对英语的态度及其英语水平、校风班风和师生人际关系等。

3.个人环境

个人环境也会对学生的英语学习产生一定的影响。个人环境一般包括学生的家庭成员、同学、朋友等的社会地位，物质生活条件，文化水平，职业特点，对英语学习的态度、经验、水平及学习方式，成员之间的关系及感情，学生的经济状况，拥有的英语学习设备和工具等。

（二）教学环境对英语教学的影响

1.教学环境能使教师在教学中更加努力地营造良好的课堂环境，充分利用现代化教学设备，优化教学环境，提高学生对英语语言的运用能力。

2.教学环境可以帮助教师正确认识环境对学生英语学习的影响，结合我国英语教学的现状，理性的分析、判断和选择其他国家英语教学的理论和方法。

3.教学环境可以帮助教师有效地加工语言输入材料，科学地设计语言练习，创造良好的课堂英语使用环境。

4.教学环境有利于教师在不断学习和实践中优化课堂教学环境的策略，以及在创设良好的英语教学环境的过程中，提高其自身的教学素质。

第三章　教育信息化背景下大学英语教学的理论研究

第一节　英语教学与教育信息化

中国的基础英语教育要走出"高原"，需要大家共同的努力。今天，笔者将从教师的维度谈谈如何跟随社会的发展来进行英语教学变革。

一、英语教学的发展趋势和特点

开放性是英语学科的一个重要特点。新词汇、新的语言现象的不断出现是英语发展的趋势。无论是新单词还是我们在教学过程中接触到的各种各样的信息，都体现了不同的世界观、人生观和文化意识形态。[1]

英语教学是我国教育的重要组成部分，引领着教学模式的变化。21世纪，英语教学不再局限于书本，而是有更多的信息和资源可以利用。国务院副总理刘延东曾说："教育信息化是教育理念和教学模式的一场深刻革命。"《英语课程标准》中也提出："教师要充分利用现代信息技术，开发英语教学资源，拓宽学生的学习渠道，改进学生的学习方式，提高教学效果。"

在经济全球化的进程中，信息技术的发展深刻地改变着世界。教育的目的是让下一代人更好地认识世界，更好地成长以及更有效地参与国际竞争。在这样的背景下，英语学习的本质是思维、情感和品格的培养。

随着信息时代的发展，英语教育的理念、方式、手段等都发生了相应的变

---

[1] 王汉英，胡艳红，徐锦芬.美国康奈尔大学外语教学观察与思考[J].教育评论，2015（7）.

化。信息技术在英语教学中的优势有哪些，怎样利用现代信息技术提升英语教学效率……这些都是 21 世纪英语教学必须要解决的问题。

二、教育信息化和教师的发展

教师的高度决定了学生的语言高度、思维高度、认知高度以及情感、态度和价值观，因此，作为英语教师，要保持开放、年轻的心态。无论高考、课标、教材发生了什么变化，教师都必须要认识到一点：这是一个信息无处不在的时代。

回顾以往的英语教育，教师侧重于语言的讲授，学生则追求在高考中的成功，两者都不能真正与世界进行有效的互动，而教育活动的专业性使教师的地位尤为重要。

随着多媒体信息技术的发展，英语教学必须适应社会发展的需求，实现运用英语的终极教学目标。这就要求教师不仅要具有获取信息和处理信息的能力，而且要有能利用信息技术培养学生运用英语的能力。

信息技术学习资源库为教与学提供了一个重要平台。然而，教师由于长期受实践建构的认知系统、操作规范和行为习惯的影响，在新技术加入时，产生了一定的不适应感。这就需要教师转变理念，紧跟信息化时代发展的步伐，使信息技术在英语课堂教学中得到充分运用。

教师能否合理利用信息技术资源关系到学生意识形态的发展和价值观的树立。优秀的英语教师不仅能够给学生留下深刻的印象，而且能够影响学生做人做事的方式以及思维能力的提高。一些优秀的智能化在线教学平台为师生提供了必要的英语教学资源，那么，怎么运用这些资源呢？笔者认为，教师不能简单地跟着走、照着做，而是要有意识地选择适合课程教学的资源，重点训练学生的语用和思维。

教育信息化是英语教学必须要走的一条路。教师还应该思考：我在运用信息技术调取信息资源时，是否做得科学合理？是否能够提高学生的认知水平？

例如，在英语教学中运用思维导图是促进学生认知发展的一个重要途径。教师可以通过逻辑关系图，了解学生对知识的掌握情况。教师如果将信息技术引入思维导图，呈现给学生的思维导图就会超越文字的意义，有助于学生更好地获取信息，使教学流程更符合学生的认知发展规律。

但是，需要注意的是，英语教学不是受制于新媒体技术的，而是要求教师主动地运用它来完成教学。在教育技术用与被用的问题上，教师必须明确以下两个问题：第一，明确信息技术在英语教学中的作用，避免技术至上、技术控制教学流程和教学模式的现象出现；第二，如何在信息化教育中体现以人为本的教育理念？

三、信息技术与英语教学的融合

现在，我们来回顾中学阶段对学生能力发展的要求。

初中阶段，学生的英语学习能力包括以下四个方面：第一，学习能力与思维能力；第二，获取、处理和整合信息的能力；第三，文化意识和跨文化交际的能力（在真实语境下运用英语）；第四，以英语为手段进行跨学科、多学科的知识学习的能力。

高中阶段，语言运用能力的内化和提升是重点，具体包括以下四个方面：第一，大量扩展阅读、丰富视野，培养获取信息的能力；第二，更多地接触真实语境下的真实语用，培养理解、沟通、表达的能力；第三，进一步培养逻辑思维能力和英语与汉语的转换能力；第四，培养高层次语言运用的基本能力。

要达到这些发展要求，信息技术与英语教学相结合是一条必经之路。

信息技术在英语教学中的运用具有十分重要的意义。首先，信息技术有利于为英语学习者创设真实、丰富的语言环境，使课堂教学的虚拟学习和真实语言运用有机融合；其次，借鉴专业人士的教学实践，能够避免教学盲目低效，提高语言学习的效益；再次，信息技术可以增加语言输入量、加深教学深度；最后，信息技术融入英语教育使语言更加丰富。

"21世纪的教育要利用21世纪的技术培养21世纪的人才"是笔者一直坚持的理念。信息技术时代的英语教学应该包括以下三个方面的内容：第一，随时可学、处处能学、人人皆学；第二，数字资源和信息技术可以培养英语学习者的自主学习精神和探究意识；第三，使个性化、自主化、过程化学习成为现实。

信息技术学习平台是信息技术与英语教育结合的重要载体。翼课网在technology、people、processes 三个维度上都做了很好的处理。信息技术给教育和教师提供的不只是 technology 的支持，还有 people 和 processes 两个重要部分。教师需要从固化的认知和教学流程中跳出来，使英语教学成为真正的 learning process，而不是简单的 teaching procedure。

关于教育与信息技术的融合，笔者认为可以分为三阶段实施：第一，以信息技术为助手；第二，以信息技术为伴；第三，信息技术和内容、语言形成完整的学习生态圈。在这三个阶段中，教学的有效性和信息技术的有效运用是互相支持的，脱离了现代信息技术的英语教学是十分危险的。英语教学不仅要完成一堂课的几个教学目标，而且要在"大教育"理念的指导下，利用教育资源，使教育更好地发展。

第二节　教育信息化与大学英语教学模式

教育信息化背景下，传统教学受到冲击，大学英语教学需要构建新的模式。本节结合具体的教学实践，探讨翻转课堂与对分课堂这两种教学新模式在大学英语教学中的应用。

现代信息技术发展迅猛，对社会生活的各方面都在产生影响，在教育领域也不例外，尤其是大学教育。信息技术、计算机及移动通信工具的使用已逐渐渗透日常教学的各个环节，正引发一场对传统教学范式的大颠覆。本节试结合具体的教学实践，对教育信息化背景下我国的大学英语教学模式进行分析、探讨。

一、现代信息技术对大学英语教学模式的影响

我国自古对教师的定位为："师者，传道授业解惑也。"在传统教学范式下，教师在课堂上传授课业知识，讲解重点、难点，为学生答疑解惑。教师所扮演的

是讲授者、知识传递者的角色，学生主要做的是聆听及记好课堂笔记，在教师的教学安排下，学生在课堂上能够与教师实现一定量的互动。在现代信息技术改变人们日常交流方式，使远距离沟通便捷化的今天，知识、信息的传递已突破了很多过去的界限，学生获取英语知识的手段、方法多样化，使得大学英语教师不再是知识的唯一来源，传统的大学英语授课模式已不能很好地满足学生对大学英语学习的需要。

在这样的背景下，各种教学新范式应运而生，其中最有影响力的当属源自美国的舶来品——翻转课堂和我国自创的对分课堂。翻转课堂与对分课堂均是对传统教学模式的颠覆与重建，在这两种新型教学模式下，大学英语课堂的组织、建构彻底发生改变：课堂不再是以教师为中心的"一言堂"；课堂上进行的分组讨论、互助学习，使学生主体地位更加突显。教师从过去的知识传递者，转而成为课堂活动的组织者、学生吸收知识的协助者，这对教师的组织、沟通、协调、临场应变等多种能力提出了考验。翻转课堂与对分课堂都强调对所学知识的讨论与吸收，而两者的不同之处主要体现在对一些环节安排的顺序上。在翻转课堂模式下，学生在课前预先通过观看教学视频自主学习新的课程，然后，学生带着学习过程中的疑问到课堂上参与讨论、交流，因此，翻转课堂是"先学后教"。而对分课堂强调先教后学，教师讲授在先，学生学习在后，结合了传统课堂与讨论式课堂各自的优势。不论是翻转课堂还是对分课堂，都给目前的大学英语教学提供了新思路，在课堂上，教师不再只顾抓紧时间讲解课文、语法和生词，而是把课堂时间解放出来，更多地用来与学生互动，帮助学生更好地内化、吸收语言知识，提高语言实际运用能力。

二、教育信息化背景下的大学英语教学实践

两种创新教学模式在大学英语教学实践中，如何具体开展？不论按照翻转课堂还是对分课堂的模式，教师应首先归纳、提炼出一篇课文的学习重点，可以按"从词汇→句子（结合语法）→段落篇章"的顺序进行。以外研社出版的《新视野读写教程》（第二版）（1）第一单元 Text A 为例，在词汇层面，教师可结合单

词表及教材中编写的词汇练习（Ex.III），列出本课需重点学习、掌握的单词、短语例如，reward/rewarding，communicate，access/have access to 等，数量可控制在 15~20 个。在列出的单词、短语中，再挑选重点，配以例句、派生词扩展、同/反义词补充等。孤立的词汇学习是绝对不够的，接下来，教师引导学生关注句子层面的表达，即引导学生注意有关生词、短语在课文具体语境中的使用。教师可以挑选句子结构略复杂、有代表性的课文句子（数量可控制在 5~10 句内），配以适当、必要的讲解、分析。最后，从点到面，在完成词汇、句子（结合语法）的学习、讲解后，教师可以将关注的重点放到文章段落的组织乃至整篇文章的框架、结构上，分析、学习写作方法。关于以上三方面的内容，教师都需要制作成ppt 课件，如果用翻转课堂的模式，则教师将 ppt 课件播放及讲解的过程都录制成视频，提供给学生在课前观看，并在视频中就所学内容提出一些问题，供课堂上交流、讨论；如果使用对分课堂，则不需录制视频，而是要合理划分讲解内容、设计授课重点，预留出供学生课后自行完成的部分，以便下次课学生发言、交流。在课堂讨论、交流阶段，教师可以引导学生按本课的重点、难点、思想内容等几个方面来进行讨论。例如，就需重点掌握的词汇由学生进一步补充有关知识；就难点部分分组讨论，最后由一名学生代表本小组发言，与全班其他小组进行交流；结合文章的内容，教师可以设计一些相关语言任务，由学生完成，从而给学生实际运用语言的机会。整堂课最后，应由教师进行总结、点评，指出完成得较好和欠佳的部分，以利于下一次教学组织。

教育信息化既给大学英语教学带来了机遇，也带来了挑战。借助信息技术，可以创新教学模式，突破优质教育资源垄断，有利于教育公平；但也对教师的技术应用水平提出了挑战，教师需要学习新技术、新知识，才能不断提升教学水平，满足新时代背景下的教学要求。

第三节　教育信息化与大学英语翻转课堂教学

翻转课堂作为一种新的教学模式，在信息化的支撑作用下凸显出诸多的优势，对于当代大学英语教学质量的提升具有至关重要的作用。然而结合当前大学英语教学实践来看，翻转课堂的融合度依然不足，应用方式不到位导致翻转课堂教学模式的有效性在一定程度上被弱化。本节将以此为出发点，浅谈教育信息化背景下大学英语"翻转课堂"教学模式的有效性。

目前，随着中国经济的稳步发展，为了迎合世界一体化、经济一体化的发展趋势，我国正逐步与世界各国构架起科学、稳定、高效的贸易交流渠道与文化沟通体系。因此，现代社会发展对英语专业人才的需求与日俱增，提高新时期人才的英语基础能力已然是现代高等教育的重中之重。然而，反观现代高等教育体系中的英语教育现状不难发现，现代高等院校虽然以培养复合型人才为主要发展方向，但在提升大学生英语能力的思维上，却仍未摆脱传统教育的教学思想，不仅教学模式落后，更难以满足新课改要求体现出学生的主体地位。翻转课堂是基于教育信息化所生成的新的教学理念，应用到实践当中则是通过网络视频整合课堂教学和网络教学构建出的新的教学模式，当前广受国内外专家与学者的推崇。以我国大学英语教学现状来看，基于教育信息化的翻转课堂教学模式依然存在着诸多的弊端，要想让翻转课堂能够更好地适应教学，则有必要对此教学模式的有效性进行理性分析。

一、大学英语"翻转课堂"教学模式的意义

所谓翻转课堂，由美国人萨尔曼提出，是由"Flipped Classroom"直译而来。在翻转课堂的教学体系中，课堂不再是受教者获取知识的唯一途径，其将学习主动权全权交还给学生，督促学生利用现代数字设备查看课堂教学内容，并于课堂之上参与课程讨论，实现师生互动，凸显学生在课堂上的学习主动性。可以说，利用翻转课堂，学生将获得前所未有的学习体验，真正融入英语课堂当中，激发自身的学习兴趣从而提升学习质量。对此，大学英语教学中应用翻转课堂的现实意义可归纳为以下几点：

首先，利用翻转课堂将激发大学生学习英语的兴趣。在翻转课堂教学体系中，大学生将更多利用多媒体、数字技术等先进设备来构筑现代化交流平台，借此提高大学生在英语课堂上的发言主动权，使其愿意参与到英语教学课堂当中，并在

学习互动中掌握更多的英语知识，最终提升英语综合能力。

其次，利用翻转课堂来活跃大学英语教学的课堂氛围。相较于传统的翻译教学，翻转课堂下的英语课程将在信息化教学模式的衬托作用下呈现出更加亲和、更加趣味且更具探讨性的特点。利用数字技术展示英语知识点，确保学生于课前自主先学，课上自主展示，课后自主总结，将真正的英语课堂还于学生，通过对学生主体地位的重视保证其学习的积极性与主动性的提升。

最后，利用翻转课堂可扩展大学英语学生的学习视野。翻转课堂的重要特色之一便是借助数字技术及互联网技术来营造学生自主先学氛围，令学生利用数字软件来预习课堂上的学习知识。因此，行之有效地开展翻转课堂，将确保学生利用数字技术来掌握更为精准、实用且科学的国外社会用语与文化俚语，令其在英语学习过程中能更贴近生活，更准确地领悟英语知识，并掌握更具实用性的英语技巧，从而提高大学英语的教学价值。

二、大学英语"翻转课堂"教学模式的应用

（一）明确大学英语"翻转课堂"教学模式的应用目标

当前，翻转课堂作为全新的课堂教育模式，是教育理念革新的核心体现。因此，在翻转课堂基础上进行的英语教学，其培养学生的英语能力应注重贯彻学生自主化发展。对此，本节认为，教师在教学过程中要树立新的教学理念，增强角色转换的观念意识，明确教学目标和正确运用教学方式，使英语教学在翻转课堂之上获得最大的教学效果。所以，教师在增强对现代数字技术科学应用意识的同时，应注重翻转课堂下英语教学目标的有效制定，确保该目标可引发学生自主学习意识，保证学生主动参与到自主学习之中。由此可见，翻转课堂下英语教学的科学化开展，拟定教学目标十分必要。因此，根据多年的教学经验与实际的教学总结，为提升英语教学效果，笔者认为，英语教学的基本目标应侧重于以下两点：其一，敦促学生敢说、愿说、善说英语。对此，只有保证学生敢说、愿说与善说，才能确定大学英语教学基础是否扎实与牢固。其二，促进学生英语交际能力的提升，英语俚语、俗语通晓，保证学生可真正理解被翻译双方的话内含义，从而精

准、快速、准确地进行英语翻译。综合而论，保证学生英语能力的提升，确保其精准认知英语的语言文化，是翻转课堂下英语教学的基础目标。

（二）完善大学英语"翻转课堂"教学模式的应用内容

翻转课堂思维下英语教学目标向实际操作化转移，其注定现代翻转课堂英语教学内容的发展向实践化转变。对此，巧妙应用翻转课堂，优化英语教学内容，应注重学生在英语教学课堂中的"主角"地位，促进学生学习与生活息息相关的英语知识，以便其在未来的社会交流中能更准确地将英语学以致用。对此，翻转课堂在教学设计上应注重学生的自主性培养，将课堂时间真正地交还给学生本人。例如，在英语教学的固定时间内，建立英语教学的翻转课堂体系，注重合理化分配课堂时间，确保学生在课堂教学中可获得充分的自由。本节认为，英语翻转课堂的教学模块应包含以下几项：首先，课前热身。利用导学模式吸引学生注意，保证学生的注意力快速集中于课堂。因此，以幽默风趣的开场白及一些简单的小笑话、小典故开始，既能丰富学生的阅历，亦能引发学生的注意。此后，利用大约十分钟的时间来整理学生自主先学的疑问，鼓励学生踊跃提出自学后还存在的疑问，并将其罗列在黑板之上。总结完学生的现存问题后，教育者针对每一个问题询问是否有人可以解答，以打造学生展示的舞台，促进学生彼此间解答对方尚存的疑惑。当所有问题解答大半，学生自我展示基本完成之后，教师再根据现存问题进行补充与丰盈，进一步扩充学生的英语知识，并对学生的自主学习做出一定的评价与指导。总之，有针对性地开展翻转课堂教学，充分利用以育导教的方法，可以还学生学习主动性，保证学生在学习过程中积极领悟英语知识，逐步提高英语的综合能力。

（三）创新大学英语"翻转课堂"教学模式的应用实践

当前，翻转课堂教学理念与实践提出，利用现代技术的信息化手段来辅助英语教学十分必要。对此，构筑大学英语教学翻转课堂模式要从实践角度出发，利用信息化技术打造合乎英语语境的现代英语教学新环境。一方面，进行理论课堂的集体讨论环境建设。在翻转课堂的实践教学中，理论知识学习需要充分的课堂实际讨论，目的是抵消理论知识学习时产生的枯燥情绪，增加学生学习理论知识的兴趣。因此，大学教师在课堂讨论氛围的营造时应充分注重学生的自主性，鼓励学生自主讨论理论知识，并在适当的时候融入信息化手段，协助学生了解与认知理论知识。此外，利用数字平台技术，课程讨论也将不再局限于课上的当面交流，利用数字网络技术，以群组、论坛等地为讨论场所，开展小组讨论、小组研习及班级互动、师生互动，将更好地确保翻转课堂的生活化延伸。另一方面，创设英语环境。众所周知，语言作为信息交互与思想交流的工具，只有身临其境的应用才能确保明白语言词汇的意蕴与含义，并将其通过常用语科学、精准地加以表达。因此，于翻转课堂中创设良好的英语环境意义重大。对此，借助信息化设备与互联网络，应用 MOOC 平台及国外网站、视频网站，选取国外影片、街头采访、国际课程等作为大学生英语学习的课堂引导，并聘用外籍教师，应用双语教学来创新课堂，充分调动学生积极性与学习兴趣，潜移默化地将英语理论转化为英语能力。此外，还可以鼓励学生观看原版英文影视，并在课堂上随机翻译英语对话中的某部分，给学生创造良好的听、说语言环境，有利于进一步推动大学英语教学价值的提升。

综上所述，教育信息化背景下大学英语"翻转课堂"教学模式的构建已经成为大势所趋，随着我国教育事业的发展与大学英语教学改革进程的推进，翻转课堂应用的效果已越发明显，关于其有效性，时至今日已在教育界赢得了一致的认同。因此需要更多教育者进一步通过实践的深化推动翻转课堂价值的进一步提升。

第四节　教育信息化与大学英语教学改革

英语语言素质是人才培养国际化的必然要求。随着"互联网＋"时代的到来，信息技术正颠覆着传统的教育形态和教学模式，并且推动着信息技术与大学英语课程教学的深度融合。如何把握教育信息化趋势下的大学英语教学改革，是亟待思考的问题。笔者基于大学英语教学模式发展及现状分析，积极探索信息化趋势下的大学英语分层次教学改革模式，解决了传统教学模式存在的深层次矛盾，有效地提高了大学英语教学质量。

经过近十余年来的发展，教育信息化已在国内高等教育界掀起了教育变革的浪潮，并必将使教育教学理念、教学方式方法、教学资源配置、教学管理体制等方面产生剧烈的变革，推动高等教育的重塑。席卷全球的"慕课"、"国家精品开放课程"、"微课"等，都是对传统高等教育的冲击和挑战，基于网络平台的优质学术资源可以方便地传播和共享，促进了教育公平及教育均衡发展，降低了教育时代的"马太效应"。

总而言之，如何把握教育信息化趋势下的大学英语教学改革，是我们亟待思考的问题。

一、信息化趋势下的大学英语教学改革

随着信息化在全球范围内的迅速扩展，以及信息技术在教育领域的广泛应用，教育信息化已经成为教育发展过程中的一场深刻变革。

从教育教学过程来看，教育信息化在高等教育方面主要推动了以下方面的变革：

一是信息技术的支撑。信息技术在教学过程的融入，让教学的方式方法发生了深刻的变革，如多媒体教学、网络教学、数字化教学等多样化的教学方式的出现，使信息化成为高等教育育人过程的基本条件。

二是教育理念的创新。信息化推动了教学模式和方式方法的改革，对整体的教育教学过程都产生了深刻的影响，比如课程组织、管理方式、评价体制、激励机制等方面都需要重新架构。

三是实现教育的个性化。信息技术在教育领域的介入和信息化教学平台的应用，使传统的难以实现的教学管理组织和要求成为现实。面对知识水平参差不齐的学习对象，大学可以通过信息化手段实现学生学习层次的分类，进而开展个性化、模块化教学。

高等教育教学信息化是教育信息化工作的核心，是关系到高等学校教育教学改革的关键环节，推动高校信息技术与教育教学的深度融合已成为现阶段教学改

革的主要趋势。

这一趋势下的主要工作就是围绕应用信息技术手段创新人才培养模式和课程教学模式，研究建立信息化教学中针对学生的学习评价机制和针对教师的教学评价与激励机制，以及推动高校基于信息技术的"跨校选课、学分互认"、课程共享机制建设和激励优质课程资源共享等。从外部环境来看，经济社会发展对大学的人才培养需求和学生的个性化学习要求，使高等院校必须在新常态下着力把握教育信息化趋势下的大学英语教学改革，顺势而动，大胆探索，从基于信息化环境的校内公共课程内容建设、教学模式建设、评价机制建设等方面入手，结合教学实际打造适合自身的信息化教学新模式。

在教育信息化的推动下，大学英语教学改革也努力进行了创新与尝试，基本的教学模式主要经历了计算机辅助大学英语教学、网络架构的大学英语自主学习平台、信息技术与大学英语课程深度融合三个发展阶段。

（1）计算机辅助大学英语教学模式。现代信息技术的发展为大学英语的教学改革提供了良好的契机。如今几乎所有的高校都基本实现了计算机辅助教学，计算机辅助教学强调计算机是教学的"辅助工具"，虽然能将课堂内容通过多样化的内容展示出来，但学生仍被认为是知识的灌输对象，是被动的接受者，教学内容也往往不离教材。这种教学模式将多媒体教学引入英语课堂，改变了过去教师加黑板的传统、单一的课堂教学模式。从本质上讲，该教学模式在大学英语教学方面并未发挥显著的效果，也和以往的教学模式大同小异，并且单一的"填鸭式"教学模式已经完全不能满足现代教育及社会的需求。

（2）网络架构的大学英语自主学习平台。近年来，许多学者强调将建构主义理论运用于高等教育，建构主义理论认为知识不是通过教师或外界传授得到的，而是在一定的情境下，借助其他人（教师或学习伙伴）的帮助，利用学习资料，由学习者自己完成对知识的构建。它认为教师和学习者同等重要，同时肯定了教师的主导作用和学习者的主体地位。

基于建构主义理论，网络架构的自主学习平台逐渐成熟并走进高校。此类平台要有一定的硬件作为基础，由资源库、学习平台、学习工具、考试测评、讨论区等模块组成。这种学习模式似乎颠覆了传统的教学模式，突出了学生的主体地位，学生由被动的"接受者"变成了学习旅程的"驾驭者"。

但同时也不能忽视教师在学生自主学习过程中的引导和监督作用。首先，平台有一定的课程设置，学生必须在完成基础学习并通过测评后才能进入更高一阶的学习；其次，平台有一定的自动监控设置，如学习满45分钟才能开始测试，若5分钟没有学习状态，计时会停止等防止学生刷课的现象；同时，学生可组成不受地理位置限制的小组共同讨论并完成学习任务；最重要的是，教师可进入教师平台，掌握学生的学习情况，并根据每个学生的不同情况，下达下一部分的学习任务，处理学生在学习过程中出现的问题，并可公开辅导、解答共性问题。同时还可统计评估整个年级学生的学习数据，作为进一步深入学习的依据。

这种自主学习模式通过构建特定的学习环境，学生根据自己的特点和学习兴趣主动地选择学习时间、学习方法，组织学习过程，提高英语听说及运用能力，其是以"快乐学习、终身学习"为最终目标的。

（3）信息技术与大学英语课程教学深度融合。在如今信息量巨大、新技术不断涌现、日新月异的社会变迁中，大学英语教学也在不断改革中得到完善并步入了信息技术与课程深度融合的阶段。基于互联网和校园网的多媒体教学模式强调个性化教学与自主学习，学生可根据教师的指导及自己的特点、水平、时间、学习方法等，通过自主学习室的学习软件和校园网大学英语教学平台中的"英语资源库系统"和"教学/学习管理系统"，实现非定时多地点的学习，即学生可以选择适合自己水平的学习内容，选择适合自己的学习时间，并根据自己的学习方法，在校内自主学习室、电子阅览室、图书馆或寝室随时随地进行学习，并能及时了解自己的学习进步情况，得到相关信息反馈，调整继续学习策略，达到最佳学习效果。在教学应用方面，部分课程真正利用网络教学辅助平台，构建了网上学习、课堂讨论、社会实践三位一体的信息技术与教学深度融合模式。

英语语言素质是人才培养国际化的必然要求。近年来，国内大学按照教育部最新的《大学英语教学基本要求》开展了不同程度的改革，初步取得了一些改革成效。但是随着高等教育办学的日益开放、人才素质要求的提升以及"互联网+"

对传统教育形态的颠覆，大学英语已有的教学模式尚存在一些深层次的矛盾，如分级分类教学的改革深度不够、四级后教学模式的钝化、个性化教学的缺乏等。

从国内大多数高等院校大学的英语改革现状来看，分级分类教学在传统教学模式中占有主导地位。然而分级分类的缺陷是改革的深度还不够，这种教学组织方式只是按高考分数高低和专业差别进行粗略划分和开展教学。如西北大学作为一所地方综合性大学，学科门类齐全，生源遍布全国各地。为了改革试点成果具有代表性、客观性、有效性及可行性，便于将来在全校全面推广实施。经过论证后的实施方案是在不同层次（普通本科、基地班）、不同学科（文、理、工）四个院系（法学院、信息学院、化学材料与科学学院和地质系）进行改革试点，学生共约 300 人，从 2004 级大学一年级开始试点。从实验结果来看，传统教学模式下的分级分类教学依然不能调动教师教学与学生学习两方面的主动性，而且不同专业的差别较大。

四级后教学问题也是当前大学英语教学长期困惑的改革瓶颈，是现有教学模式所解决不了的。大学英语第四学期（"四级"后）教学存在的问题是：通过四级考试的学生学习动力不足，学生上课情况较差，由于未能建立相应的考核机制，教师对学生缺乏教学过程的约束力。这个问题影响了正常的教学秩序，同时也是长期困扰大学英语任课教师的问题，在一定程度上挫伤了教师的教学热情和积极性。同时，面对大学生出国留学、学习深造、创新创业等方面的迫切需求，现阶段的大学英语教学没有从根本上实现个性化教学，课堂教学依然是以大班教学为主、以教师为中心并没有实现学生学习的个性化定制。[1]

基于现有教学模式和教学过程中的这些深层次问题，需要考虑如何把握信息化趋势和"互联网+"的改革态势，做好面向大学生的大学英语教学改革，即如何把学生分层次，设计灵活的学习机制，实现学生的个性化学习需求等。

---

[1] 王允庆，孙宏安 . 高效提问 [M]. 高等教育出版社，2016.

二、基于信息化的分层次教学模式改革

（一）大学英语分层次教学模式构建

大学英语分层次教学在国内高等教育领域已有一定的理论与实践基础，如今已成为大学英语教学改革的主要趋势。分层次教学是被很多大学实践的大学英语教学新模式，只是各个高校的分层模型不尽相同。最初采用的是按照学生入学成绩分层，并且大多采用流动层级的教学模式，即入学成绩高的采用高阶教学，其余则次之，同时根据本阶段的考核结果决定下一学习阶段的学习层次。这样的分层教学模式给学生造成了一定的负面心理影响，尤其是被分到"条件较差"班级的学生会产生一定的抵触情绪，不利于教学的进行和人才的培养。

近年来，随着高等教育的快速发展和大学英语分层次教学模式改革的日益深入，单纯以高考入学成绩分层的教学模式已经不能满足社会需求和学生自主学习要求，大学英语教学逐步考虑从多方面、多角度因素对大学英语进行分层，主要有以下几个方面：一是不同学科、专业对英语的要求程度不同；二是不同专业学生将来就业后所从事的行业对英语的需求不同；三是学生基于自身兴趣对英语的爱好程度不同。现有研究与实践证明，考虑以上诸多因素的英语分层次教学能有效减少英语教学的盲目性，提高教学效率，节约教学资源，调动师生的教学积极性，对培养国际化的高素质创新人才具有与时俱进的重要作用。

根据教育部《大学英语课程教学要求》，大学阶段的英语教学分为一般要求、较高要求和更高要求三个层次。分层次教学就是根据学生的英语基础、学习能力、兴趣特点、专业方向以及将来有可能从事的行业要求等因素，设计不同的教学目标，制定教学方法，有针对性地对不同层次学生进行相应的学习指导，使每个学生在英语学习方面都能达到最佳效果。在我国古代，就是所谓的"因材施教"，而今则是在"因材施教"的基础上，同时关注社会对人才的个性化需求。

（二）信息化与分层次教学改革实践

在教育信息技术推动的变革浪潮下，以及结合我国大学英语重要转型的契

机,应试教育应向多样化应用型教育转化,基础英语教学将向专门用途英语(ESP)转变,为更好地拓展专业知识做好准备。大学英语分层次教学模式改革具备了深度蜕变的改革要素。针对学生的个性化培养和个性化需求,如何建立信息化平台的大学英语分层模型标准变得尤为重要。西北大学结合已有的教学改革经验,围绕"模型构建—平台搭建—兴趣驱动"的改革理念,逐步推进大学英语分层次教学模式改革。

为适应社会经济发展对人才培养工作的要求,逐步建立与研究型大学相适应的本科人才培养体系,培养具有国际视野的高素质创新人才,学校出台了《西北大学关于修订本科人才培养方案和指导性教学计划的意见》。新方案提出了《大学英语分层次改革方案》,着眼于在新时期内有所创新和突破,使大学英语课程具有更大的灵活性、选择性和开放性。大学英语教学在注重打好学生语言基础、培养学生英语综合应用能力的基础上,提高学生的综合素质,使之成为具有国际视野的高素质创新型本科人才。现阶段,西北大学新的本科人才培养方案已于2014年全面施行。大学英语教学主要在通修课程的基础上,强化应用性课程,同时结合网络自主学习,将课程分为通修课程、高阶课程和特色课程三种类型,推动大学英语教学和学生学习的个性化发展。学校将大学英语分为四个层次,其中层次一、二为全校必修课,层次三、四是各专业根据需要任选模块,分为高阶课程和应用课程,包括报刊选读、影视欣赏、演讲与辩论、英美政治文化、TOFEL、IELTS 等等,可在全校范围内选修。

为更好地支持大学英语分层次教学改革,学校注重资源共享,着力搭建"教学资源平台"。通过有效整合各类电子图书资源、名师教学视频、教师备课资源等,搭建了包括视频课程、电子书、学术视频、文档资料等内容的教学资源共享平台。一方面,依托平台有力支持课程的网站建设、在线课程教学、过程分析统计、研究性教学、碎片化学习等,推进了课程信息化教学改革。另一方面,通过技术开发,实现了平台与校园网门户、教务管理系统的无缝对接,为师生即时登录开展自主学习提供了便利。同时,学校正在加快筹建人文社科 MOOC 中心,通过坚持"全面统筹、集中建设、订单开发"的原则,建成符合学校人文社科类课程教学需求和满足学生多元化学习需求的课程资源平台，满足课程资源共享和多样化人才培养的要求。下一步将加大投入力度，引导与推动不同层次课程与教学团队加快 MOOC 课程开发与建设的步伐，用于课程教学实践。这些课程将遵循"以生为主、以师为导"的新型教学理念，要求教师变"教学"为"导学"，引导学生变"听学"为"研学"。加快从"以教为中心向以学为中心""知识传授为主向能力培养为主""课堂学习为主向多种学习方式"的转变，着力培养学生的学习主动性、能动性、独立性，提高学生的创新素质与创造潜能。结合传统大学英语课堂教学的优势，促进师生之间的学习互动，实现教育教学过程线上线下的有机互补。

在全球化趋势下，各国都十分重视信息技术在高等教育领域的应用。教育信息化的发展，已在教育理念、教学方式方法等方面产生了深刻影响，实现并重构着高等教育的开放式发展。大学英语教学改革经过 21 世纪以来的不断创新，已经为各学科专业人才素质的整体提升和实际应用做出了巨大的努力，并且朝着更加科学化、系统化的方向发展。但从高等教育国际化需求和互联网发展趋势来看，我国的大学英语教学改革和教育信息化发展程度仍有较大的融合空间，还有一些关键环节亟待解决。例如，优质师资的有限性和高校其他办学条件滞后于培养规模的扩张；基于网络的大学英语学习平台需要一定的软硬件环境，如何合理配置计算机、学生、教师、实验人员等，使有限的资源得到充分利用，需要在实践中不断调整创新。

同时，师生的计算机技术培训也必不可少。现如今，网络覆盖日趋扩大，尤其是智能手机终端的海量增加，已经基本实现了"泛在学习环境"，因此，把握新形势下大学英语教学改革，刻不容缓。

第五节　教育信息化与大学英语有效教学

推进现代信息技术与外语课程的融合，促使大学英语教学内容、教学方法和手段、学习方式发生变化，实现有效教学。教育信息化背景下的大学英语教学从课堂管理、活动创新、教育技术等方面入手，真正实现教育信息化背景下外语课堂中的有效教学。

《教育信息化十年发展规划（2011—2020年）》中提出"高等教育信息化是促进高等教育改革创新和提高质量的有效途径，是教育信息化发展的创新前沿"。王守仁教授在解读《大学英语教学指南》时也强调要"推进现代信息技术与外语课程的融合，促使大学英语教学内容、教学方法和手段、学习方式发生变化，实现有效教学"。计算机网络技术为大学英语教学带来先进教学理念和手段的同时，也改变了传统教学模式中的教学媒介、教学资源、教学方法和课程体系。在摸索和过渡期，学生、教师和教学环境都出现了与教改模式不协调的现象，在一定程度上造成了大学英语教学系统失衡。因此，探讨教育信息化背景下的大学英语有效教学具有重要的时代意义和现实意义。

一、研究背景

根据2016年1月23日中国互联网络信息中心（CNNIC）发布的《2016年第37次中国互联网络发展状况统计报告》显示，截至2015年12月，中国网民规模达到6.88亿，手机网民规模达到6.20亿。互联网的不断普及和移动技术的快速发展给学习方法、学习模式、学习频率、学习场地及移动学习和微型学习带来了很大的改变，也给外语教学和课堂管理带来空前的影响。信息化的大时代背景为教育提供了新的策略、实践、工具和资源，同时也对教育的方式和效率提出了新的要求。

《大学英语教学指南》中提出"现代信息技术应用于大学英语教学，不仅使教学手段实现了现代化、多样化和便捷化，也促使教学理念、教学内容、教学方式发生改变"。信息化时代为外语教学提供了全新的学习方式和前所未有的丰富资源。同时信息时代背景的变化、学生群体特征的变化和老师身份及需求的变化共同为大学英语教学改革新阶段提出了全新的课题。教育信息化背景下的大学英语课堂如何实现有效教学，是大学英语改革目前面临的一个亟须解决的课题。

二、有效教学的内涵及其研究背景

自 20 世纪 60 年代末以来，有效教学研究一直是国外教育学界的热点问题。众多学者从多个角度对大学英语有效教学进行了研究，如大学英语有效课堂环境构建及评价的理论框架，大学英语有效教学研究综述，课堂教学目标设定与教学活动设计，课堂研究价值定位推动实践变革，探究我国高校外语教师互动发展的新模式等。这些研究成果从理论基础与研究方法等层面为深入探究大学英语有效课堂环境构建的内涵与评价实施提供了重要的理论和实践参照。

大学英语作为一门研究性语言的科目，强调运用性、实用性等特性，在现代教育信息化背景下，更需要充分结合教育学、心理学、语言学等理论，充分考虑外语学科的特殊性，采取多种信息化措施提高大学英语的教学效率。有效教学是一个动态发展的概念，其内涵随着教学价值观、教学理论及教学研究范式变化而不断扩展，广义上指的是以学生及学习进步为关注点的教学研究。在教学实践中，有效教学对教师的要求是实施恰当的教学技能与教学活动，与具体教学情境的要求配合和协调。有效教学强调学生参与教学活动的过程及参与方式对有效教学产生的重要影响。[1]

因此，教育信息化背景下的大学英语如何实现有效教学，需要综合考虑学生群体的心理特征、信息时代教育环境、教师与时俱进的变化等诸多背景因素。

三、教育信息化背景下的大学英语课堂设计

该研究以北京某高校笔者所执教的信管学院、理学院、机电工程学院的学生为主要研究对象，探索在信息化时代如何将各种新计算机技术、网络技术、移动技术与新兴的教育理念相融合，从而达到大学英语有效教学的目的。

该研究共有 102 名受访者，全部来自笔者执教的理学 E1A 班、信管 E1A 班、机电 E1A 班。通过分析信息化时代大学英语学习中师生常用 APP、网络平台资源，提出将新计算机技术、网络技术、移动技术与新兴的教育理念相融合的方法，尝

---

[1] 赵周，李真，丘恩华 . 提问力 [M]. 北京：电子工业出版社，2018.

试将各类信息技术与大学英语教学有机结合，探索有效教学的方法。经过对 102 名学生的使用习惯和使用频率的统计，最受学生欢迎的 APP 有英语趣配音、扇贝单词、沪江开心词场、可可英语、每日英语听力等。该研究主要从 3 个主要变量（课堂管理、活动创新、教育技术）来探讨大学英语有效教学课堂设计。

（1）课堂管理。新计算机技术、网络技术、移动技术与新兴的教育理念相融合，在课堂管理方面也有所体现。针对学生在课堂心不在焉或缺勤旷课的问题，新的网络技术也可以帮助建立有效和有秩序的课堂。教师上课时逐一点名比较费时，如果教师在屏幕上打出一个简单的问题，要求同学们同一时间通过手机等移动终端，在网络社交群内发布自己的答案，没有答题的或者没有按时答题的，则视为缺勤，可以有效节省教师在课上点名和备注考勤的时间，提高整个课堂时间的有效利用率，完成更多有实际意义和价值的课堂教学环节。[1]

（2）活动创新。新计算机技术、网络技术、移动技术与新兴的教育理念相融合，在教学活动方面也可以有所创新。比如，笔者会针对该次课堂所讲授的主题，将课堂分成课上和课下环节，如果脱离了教师的指导很难独立完成的环节，在课上重点讲授；如可以由网络平台、APP、社交软件等辅助在课下完成的环节，则作为作业。教师通过作文批改网定期发布写作或者翻译任务，可以随时登录平台，查看、批改、收集整理数据、分析作业完成的情况，学生的作业和完成度一目了然。课上主题由教师主持，学生分组讨论，每个组由发言人来阐述该组的观点，经过社交群内发起网络投票，看哪一组的观点最受大家的认可和欢迎。网络投票的形式也有效地激发了学生的学习动力，大家激烈的线上和线下的讨论也使原本独立的英语学习更有互动性。针对课程主题和内容可采取多种形式的 APP 来丰富课堂活动。最受学生欢迎的 APP 如英语趣配音、扇贝单词、沪江开心词场等这些软件都可以与课堂内容有机结合，如针对学习内容主题开展英语配音比赛、单词记忆比赛、英文新闻播报比赛等，有效提升了学生学习英语的兴趣，也让学生对英语学习有了更明确的目标，以看懂听懂新闻、能流利地用英语配音和对话等非常直观和具体的需求为驱动，比一味地强调提高四、六级成绩，对学生具有更大的吸引力。经过对笔者执教的 3 个班级的观察和数据分析，大部分同学的英

---

[1]　赵周，李真，丘恩华. 提问力 [M]. 北京：电子工业出版社，2018.

语成绩都得到了提升。该学期在这 3 个班级一共举行了 3 次模拟考试，第一次模拟考试是在学期初，代表学生进入大学的原始英语水平和状态，3 个班平均分为 63.23。第二次模拟考试在学期中举行，平均分为 63.39。第三次模拟考试在进行了一个学期的大学英语有效教学的尝试之后，平均分为 65.07。可见，在经过一个学期的教育新技术和大学英语有效教学有机结合的尝试之后，3 个班的平均成绩均得到了一定的提升。

（3）教育技术。新计算机技术、网络技术、移动技术与新兴的教育理念相融合，在教育技术的改变和更新方面也有所体现。现在教育界开展的微课、慕课、翻转课堂等，都是借助了计算机网络和移动技术的飞速发展。微课由于其简单清晰的形式和言简意赅的内容，十分适用于智能手机等移动终端。慕课开放式的教学模式，则打破了时间和空间的局限性，让学生可以充分利用零碎的、片段式的时间来学习。这些信息化背景下涌现的教育新技术，是传统教育方式的有力补充。在课上由于时间和课程设置无法深入的知识点，都可以通过微课和慕课的形式得到有效延伸和深化。网络和移动技术的有力支撑，使得原本有限的课堂时间，在课外得到了无限的扩充。从一定意义上来说，这也是使大学英语有效教学得以开展的重要保证和重要补充。

教育信息化的发展对大学英语的课堂管理、活动创新、教育技术都提出了新的目标和要求。大学英语的课程中，学生是否学习英语、是否在大学英语的学习中取得了进步、教师是否帮助学生获得了有应用价值和实用价值的技能，是大学英语有效教学所关注的核心。课堂教学是教育的基础环节，大学英语的每节课都应追求教有实效、学有实效，从而真正实现教育信息化背景下外语课堂中的有效教学。

第六节　大学英语信息化教学方案设计

大学英语教学的信息化改变在大学英语教学的整体改革中有着十分重要的地位。这样的转变能够使日常的英语教学方法及学习路径更加多样化，对传统的英语教学方法进行了转变，是一种大学英语教学的完善方法，但在现阶段而言，中国整体的大学英语教育信息化的水平以及教学效率还是处在一种比较低的层次。在大学英语教育中如何更好地进行信息化教学的方案设计是非常重要的。本节主要针对大学英语教育信息化转变对于大学生的意义进行分析，指出现阶段大学英语信息化教学中存在的问题，并提出大学英语教育信息化的策略及方案，以期实现大学英语信息化教学的发展提升。

一、研究意义

2010 年 6 月下旬，国家相关机关单位通过了教育改革十年纲要，其中在对未来十年的教学改革的整体发展路线设计中着重强调了发展教学信息化，要求不断推进教学信息化进程。

大学英语信息化教育的转变能够有效提高教学质量、教学水平及教学效率，能够在英语教育的观念、方法等方面有一个质的提升。在学生的英语学习过程中，这样的方法变革也能够在很大程度上有效地提升学生的英语学习效率及学习成果。

二、大学英语信息化教学的意义

（一）促进学生综合发展

站在发展性的层面来看，大学英语教学的信息化转变可以引导学生在性格、语言能力以及思维逻辑上综合性地发展。这种英语教学的信息化转变的核心是以学生为主体，注重学生的学习需求，凸显的是学生具有自身个性的发展形式，帮助学生激发出自身潜力以及自信心。信息化的教学模式能够凭借世界性的教学资源以及书本的多媒体化帮助学生开阔视野，在语言上能够提供最为正统的、更为生动的学习资源，通过信息化平台的一种学习沟通锻炼使学生能够"说出口"，帮助学生在英语学习之中能够做到听、说、读、写能力的均衡发展。另外大学英语信息化教学能够锻炼学生自主思考、研究分析以及自己解决难题的能力，有效发展了学生的思维逻辑能力。

（二）促进学习之中各方面的协调

师生及学生间的关系协调。大学英语教学的信息化能够有效协调教育与学生之间以及学生与学生之间的一种关系，在信息化背景下，教师与学生之间的关系区别于以往的一种上层到下层的教学以及受教的关系，现在的关系是一种在信息化的层面上的平等交流的关系。在英语学习之中，由教师进行一定程度的指导，学生进行自主思考分析以及解决方法研究，这是一种平等交流的学习方式，学生也可以对教师的教学做出评估，给教师的教学提供一些具有意义的意见以及交流。信息化英语教学之下的教师与学生的关系成为彼此合作、彼此帮助的关系，是一个学生在英语学习之中不断自主探索新的知识的交流平台。

大学英语教学信息化能够突破以前的英语教学中学生与学生之间互相不交流的形态束缚，通过互相协作的学习方式，让学生可以互帮互助、养成团队协作的意识、提高学生包容能力等，对于学生在进入社会之后需要具备的能力做出预前培养。

英语学习与教学器材之间的协调。大学英语信息化教学同样也协调了学习与教学器材的关系。电脑及互联网不只是在英语教学中的一种器材，同样是学生学习的智能同伴。这种形式能够通过人与人之间的一种对话来锻炼学生的英语学习中的听与说的能力，还可以提供给学生一种模拟式的环境帮助学生进行更多的学习以及练习。学生与教学器材之间的关系能够超脱出单纯的一种取用的关系，变成学生在学习过程中对大量的资源进行类别区分、内容补充，不断扩充资源量，在进行自我能力发展的同时，也帮助了其他学生更加有效地进行学习，是一种和谐互助的关系。

英语学习与社会环境之间的协调。大学英语信息化教学抛弃了陈旧的埋头于书本的学习方式，而是更多地注重于英语学习与社会整体政治经济环境、社会对于人才需求以及学生自身的个人能力之间的一种协调融合。信息化的英语教学独有的团队合作、自主性的学习方法特点能够有效培养学生各方面的综合能力，充分适应社会环境的变化以及人才需求，使个人的发展与社会发展同步协调。

（三）促进学生英语学习的持续性

大学英语信息化教学的核心思想是学生的自主学习，这样的观念有别于以往的学习只能在学校中进行的思想，更加推崇一种英语学习渗透于生活之中、长久不断地持续学习的观念。当今而言，互联网的存在与发展为终身学习提供了一个很有利的平台载体，将终身学习融入生活已经成为发展的定式。大学英语教育的信息化能够充分培养学生的自主学习观念以及自主学习技能，配合信息技术的便利性，培养了学生的持续学习的观念，也为学生持续性的英语学习提供了条件。

大学英语教学与信息技术的有效结合的理论研究是研究过程中的一项重点，但是就国内而言，这方面的相关研究在资料文献中很少涉及，没有一个充分的理论研究基础，仅仅是借鉴于教育学及心理学的个别理论，对于其独特的特性、发展研究还不够深入。缺乏理论支持恰恰导致了国内的大学英语信息化教学的进程的缓慢及低效率，一边进行一边探索的方法使现阶段英语信息化教学还不能够提供给学生真正意义上的高质量、高效率的英语教学。

配合大学英语信息化教学的发展规划，各大高校均在大力进行校园的信息化教学建设，对信息化教学环境、教学资源以及教学器材进行了大量的投资建设，在技术方面有了长足的提升。但是学校在进行信息化教学建设的过程之中，对于信息技术的选择以及运用往往是出于提高学校信息化技术水平的目的，而不是针对大学英语信息化教学的实际需求来进行的。这样的情况就导致了教学配套设施、信息化技术水准与英语教学情况、水平之间的一种不均衡、不匹配的现象，造成日常英语教学中不能充分发挥配套设施的相应作用。在设施、技术的发展之中忽视了与大学英语信息化教学相对应的应用方案，导致了高端设备、高端技术的低级应用，对于资源及资金是一种浪费。

随着世界经济全球化以及信息技术的迅猛发展，社会进入了信息化时代，这也意味着教育的信息化转变成了一种必然的趋势。大学英语教学的信息化脱离不开社会的大背景以及支持，然而在现阶段的大学英语信息化教学的实际实践之中，存在着整体水平较低的现象，导致英语信息化教学的效果十分微弱。社会整体无法收到信息化教学的有效性的反馈，导致对于英语信息化教学的支持减少，这就更加阻碍了大学英语信息化教学的发展。

三、大学英语教育信息化方案

（一）完善大学英语信息化教学方案

在现阶段而言，大学英语信息化教学还处于一种起步阶段，不能进行跳跃式的改革，而是要从结合传统的大学英语教学方式以及信息化技术的方向做起。英语的学习过程存在着很强的认知性需求，学生需要通过大量的时间来进行学习，传统的大学英语教学方式之中听讲与记录、复习相结合的方式更适合学生的学习，不能一味地抛弃。要针对以往的方式无法有效表达的部分进行信息技术的使用，来做到更为生动的、形象的一种讲解。两者科学合理的融合才能够达到最为理想的教学效果。例如，在进行单词学习的时候，应该选取传统的方式，而在学习语法、发音、语境的过程之中，可以多多利用信息化技术，展示出更为本土的资源，让学生能够学习到更为正统的学习知识。另外，在教学中还可以将英语与经济等其他专业内容进行结合，让学生自主进行资料阅读分析、小组讨论、成果演讲，让英语学习的内容更加丰富，也更能够帮助学生在社会工作中有更加符合专业的英语能力。

（二）对学生、教师、信息化技术进行正确定位

在大学英语信息化教学中，学生是学习的主体，应该强化学生的这一观念，调动其主观能动性。教师在学生利用信息化技术进行自主学习的同时，也不应该完全抽离，而是应该在恰当的时间，利用科学的方式对学生的学习进行引导、指导。信息化技术仅仅是教师进行英语教育的一种工具以及手段，不能够取代教师以及学生的课堂学习的主体地位。举例来说，学生应该利用信息化技术以及多媒体设备多进行资料阅读分析，丰富自己的英语知识面，而教师需要在一些难点部分进行指导。同时，在教学进行之中读写练习、单词以及测验等方式也应该由教师主导进行。[1]

---

[1]　陈帅. 大学英语修辞教学探析 [J]. 湖北经济学院学报，2013(9).

（三）优化学习环境

信息化网络能够有效地为学生的英语学习创造一个综合培养听、说、读、写能力的环境，通过更为真实的情境引导学生的语言能力发展。

可以通过播放一些英文影片以及关于其他国家的地理、文化、历史以及当下的生活环境的视频，来帮助学生全方面、立体式地进行英语学习，通过对原语国家的场景对话的观看聆听，培养学生的英语语感，让学生熟悉英语的运用语境，强化语法、发音。教师在英语教学中还可以利用设备进行听说练习，并给出一个场景，让学生之间互相讨论、合作，做出一篇演讲，锻炼学生的写作以及表达能力。

在信息化时代的大背景之下，对于信息化技术手段与大学英语教学互相结合过程中存在的问题和方案，科学的设计是十分重要的。在大学英语信息化教学中，需要建立正确的教学观念，在恰当的时机、合适的尺度之上科学合理地进行信息化技术手段的应用，强化学生的自主学习能力、教师的科学引导，培养学生的综合英语素养，这样才能够真正提升大学英语信息化教学的整体水准，更好地帮助学生的英语能力得到提升。

第七节　大学英语教师信息化教学能力发展

当前随着我国社会现代化高速发展，新媒体在各行业获得了广泛的应用，在教育工作中亦是如此，教师通过有效的信息化技术能够更好地提升教育工作质量。在大学英语教学中融入信息化技术，可以进一步转变传统课堂教学模式，重视学生能力发展，更好地提升大学英语课堂教学效果。基于此，本节从大学英语信息化教学的意义入手，对教师信息化教学能力发展问题进行分析并提出了有效策略，以供参考。

新媒体时代将信息化教学手段应用于当今大学英语教学是实现教育改革与创新的一个途径。目前大学英语教师信息化教学能力还存在很多问题，要改变这种现象，就要找到相应的解决方法，有效提高大学英语教师信息化教学能力，不断提高英语教学质量。因此，提高教师信息化教学能力研究具有重要的意义。

一、大学英语教师信息化教学的意义

（一）促进学生的综合发展

当今社会在不断发展，英语对大多数人的生活有着极大的影响，尤其是大学生，对他们进行更系统化的培训可以使他们在语言组织、逻辑推理以及一些学习方法上有所提升和进步。英语的教学模式主要是以学生的需求为主，这样才能激发学生的自学能力和潜力。相比其他的教学方法，信息化的教学方式往往有着更多的优势，比如资源丰富，学生可以借助多媒体查阅自己想要了解、学习的知识，扩充自己的知识面，开阔视野，还能够使自己在语言上得到进步和提升，能够做到英语对话随口而出，提高英语的语言组织能力。英语的信息化教学同时还能够培养学生的自学能力，使学生在学习方面和思考能力方面进一步提升。

（二）丰富课堂教学内容

对于大多数的学生而言，英语课堂就是在听天书，不易懂，再加上英语知识点相对复杂难理解，又给学生学习增加了难度，使学生对英语产生了厌学的想法。课堂上教师教学过于死板，缺乏与学生的互动，没有很好地带动学生的积极性。如果未来的英语课堂能够引进新型的教学技术，通过网络信息化就能使这样的教学方法汇集成系统，以图文并茂的形式呈现在学生面前，这样就打破了常规的教学模式，教师的身份也得到了转换，从主导者变为知识的引导者，不但能够提升学生的自主学习性，还使原本枯燥无味的课堂增加了几分趣味性，这样更能够提高学生的英语口语水平和交流表达能力。

二、大学英语教师进行信息化教学时存在的问题

（一）信息化教学观念相对落后

教育随着时代的进步也在不断更新，应试教育已经适应不了当代教育的潮

流，随着素质教育的普及，信息化教学已经在各个学校得到了普及和推送。这就要求教师跟随时代的潮流，应用科学合理的方法，同时借助网络工具进行教学。当前的高校依然有很多教师还是老样子，自导自演，过于传统老式、死板，还运用着黑板教学的手段。这样的学习方式使学生学习英语更加被动，导致课堂索然无味，也使很多的学生在学英语方面兴趣不高。一些教师借助信息化工具给学生上课，不但带动了学生学习的积极性，同时还在一定程度上减轻了自己的工作量，但是一些老教师依旧抵触信息化，在教学时带动不起来学生的积极性，影响教学质量。

（二）教学方式过于单一，课件制作质量低

英语教师在上英语课时一定要多元化地使用信息化工具，不能仅仅对一项功能进行使用，遗忘了这套系统的其他功能。一般情况下，教师只使用 PPT 进行课程的讲解和传授，这样的做法是行不通的，还可以通过视频、音乐，还有微信或者其他模式进行教学，不能忽略其他的应用或者新型的教学软件。一些大学的教师竟然只会使用 PPT，在进行讲解时，没有与学生互动的环节，导致了课堂枯燥无味，上课的质量远远不能达到预期的效果，在上课之前，教师应该对课程进行准备，这样才能提升教育教学的质量。

（三）培训制度欠缺

一般情况下高校都会对教师进行培训，教师在经过培训之后强化自身的知识素养，提升自身的教学能力。这种培训的机会不是所有人都能拥有的，拥有这些机会的教师往往都是高校里的一些精英或者是课程组的教研组长。经过培训也不一定有良好的效果，因为教师与教师之间的教学方法各有千秋，对培训的内容如果不能够及时地消化和理解，反而会影响到他们平时的教学效果。

三、大学英语教师信息化教学能力提升的有效策略

（一）改变传统教学观念

随着教育体系的不断完善和改进，在大多数高校中，教师开始对那些相对死

板的课程进行改革和创新，但在信息化教学里面还存在着一些老式教学的影子。所以学校应该从根源上解决这一问题。

教师必须了解新课改的内容和规定，再进行自我反思和理解，并且要自我创新，开展新型课程，彻底地对陈旧的教育制度进行改革，从而进一步提升大学英语的教育质量。在教师使用信息化教学时，学校应该给予相对的支持和鼓励，进一步提高学生对英语知识的认知力，并根据学生的要求制定相关的措施，使大学英语课堂教学的质量和教师应用信息化教学的水平得到提升。

（二）加强英语教师信息化能力培训

首先，学校要对教师大胆创新、勇于实践、开拓新课程等行为进行大力支持和鼓励，争取让每一名教师都能得到培训的机会，转换教师对信息化教学的认知，灌输正确的信息化教学观念，学校还可以借助互联网工具对教师进行专业化培训，落实网络授课的相关制度政策，调动教师自主学习的积极性。其次，学校可以制定制度，让教师在空余时间进行信息化教学的学习，不懂就虚心向会的教师进行请教和询问，以解决自身的困惑和疑问，正确地看待信息化教学等问题，提高网络技术应用的能力。此外，教师还可以通过网上查询、观看视频等方式进行学习，进一步提升各方面的能力。

（三）创建良好的信息化环境，提高信息的搜集能力

环境也决定着信息化教学的质量，其中的核心部分就是信息化教学的设备，在进行信息化普及的同时，学校要给教师每人配备一台设备，同时要建设 2 ~ 3 个设备完善的计算机房供学生使用，这样不但实现了教育教学的信息化，而且还使课堂不再枯燥乏味。除此之外，教师在课余时间还要搜集关于课程的课外知识，给学生进行讲述，拓展学生的知识面。学校还可以不间断地进行科教评选，评选优秀教师和班集体，调动全校师生的积极性。

（四）教师利用信息化开发优质教学资源

现代信息技术的应用在一定程度上更加科学和完善地推进了传统英语教学。大学英语教师进行信息化教学时，应该通过网络积极搜集优质的教学资源，丰富

教学内容，使教学内容更加简单易懂，降低知识的抽象性和复杂性。与知识相结合的信息化教学不仅打破了只使用PPT的教学方式，还激发了学生的发散性思维，使他们能够有效地利用教育信息化资源。推进信息化教学，进一步提高了英语教学质量和英语教师信息化教学能力。

随着教育改革工作的不断推进，教师认识到信息化教学已经是当代社会发展的必然趋势，同时也是现代教育过程中不可缺少的教学模式。另外，影响大学英语信息化教学质量的因素就是英语教师信息化教学能力。因此，本节详细分析了英语教师进行信息化教学过程中的几个问题，提出了可提高大学英语教师信息化教学能力的解决方案。营造良好的信息化环境，开展多种信息方式，大学英语教师信息化教学一定会取得进展。因此，有效的信息化手段能够更好地激发大学生的学习兴趣，并提升自身综合能力，所以在教学工作中，教师需更加重视信息化手段的运用与创新。

第四章　教育信息化背景下大学英语教学的改革

第一节　教育信息化与大学英语混合式教学

信息技术为教育的发展提供了新的媒介与手段，推动教育的理念与方法发生新的变革，二者在相互磨合的过程中不断融合，形成了新的教育态势，于是，传统课堂教学与在线自主学习相结合的混合教学模式成为当下的主流教学模式。本节旨在探讨在信息化背景下，构建大学英语混合式教学模式的最优路径，为学生的个性化学习创造最佳环境。

信息技术的发展推动了"互联网 +"时代的到来，教育领域也由此进入了巨大变革的时代。其中，混合式教学模式凭借其独有的优势在教学中备受欢迎，以教师为主体的单一教学模式向以学生为主体的多元混合模式转变，学生的个性化学习实现了最大化和最优化。在信息化背景下的大学英语混合式教学模式中，学生可以从海量的学习资源中自主获取需要的资源，满足个性化学习的需要，老师的角色由此发生改变，由学习的操控者变为学习的指导者与协助者。但是，在校情、学情差异化的背景下，如何在实践中充分利用信息化技术及网络资源，构建适合学生个性化学习的教学模式，成为广大教师迫切需要解决的问题。

一、构建混合式教学模式的意义和可行性

（一）构建混合式教学模式的意义

随着信息技术的发展，"互联网＋"逐渐融入了教育的每一个环节。数字化教学条件的完善与智能手机、电脑的普及，使学生汲取知识的途径越来越多样化。因此，在教育信息化背景下，与时俱进地推进大学英语教学改革，构建大学英语混合教学模式成为时代必然趋势，这既是培养社会人才的要求，也符合教育发展的内在规律。采用混合式教学模式，不仅能充分利用现代化硬件与软件资源，为学生提供海量的知识学习宝库，还能实现学生的个性化学习，达到真正因材施教的目的。混合式教学实现了传统课堂教学优势和网络学习优势的结合，既发挥了教师的主导作用，也体现了学生作为学习主体的主动性与创造性。

当前，大学生源越来越多元化，同一班级的学生英语基础相差很大，统一的教学模式较难适应水平参差不齐的学生，混合式教学模式正好满足了学生的个性差异，能够改善学生学习信心、兴趣和效果。在信息化时代，教师与学生获取知识的渠道几乎是相同的，教师失去了传统教学模式中的绝对地位，师生之间的所谓"杯桶关系"悄然发生了改变，二者之间的差距越来越表现为先知和后知之间的关系，而学生对新观念、新科技具有更强的接受意识与能力，从而在资源获取、技巧运用方面可能比教师更胜一筹。因此，在构建混合式大学模式时，教师应先注重学生在信息化环境下个性化学习能力的培养，特别是学生自主学习的自律能力与管理能力，以及在合作学习过程中提升协作与沟通的能力。对教师来说，在课程设计中，要具备重构和创新知识的能力、组织新型课堂的能力和指导学生自主获取线上资源的能力。[1]

（二）构建混合式教学模式的可行性

随着"互联网"和智能手机在中国的普及，人们获取信息的渠道越来越便捷与多元化。当代大学生是在网络与手机的陪伴下长大的，使用网络和手机是他们

[1] 王涛.大学英语教学中英语修辞格的赏析[J].英语广场，2013(10).

的本能之一，在网络中获取信息就如同鱼儿在水里觅食一样熟悉。虽然大部分大学老师对网络和手机不如大学生敏感，但他们是第一批网络和手机的利用者，对网络和手机软件的使用也是轻车熟路、顺手拈来。因此，在慕课及各种学习平台的辅助下，教师的授课形式和学生的学习方式都发生了变化。教学方式由单一变为多元，课堂教学由知识讲授为主变为师生互动、课堂答疑、讨论等多种形式。学生课下学习的地点、方式和内容也发生了改变，学生可以随时随地进行移动学习，获取海量的学习资源，遇到疑难问题在网上搜索答案或与老师、学生通过QQ、微信等网络平台进行讨论。总之，良好的课后学习环境使师生、生生之间的学习与交流可以跨越时空，实现线上线下的有效结合。学生可以根据自己的个体差异，选择合适的学习方式与方法，实现个性化学习，从而提高学习的效率与目的性。

在信息化背景下，大学英语的实用性功能依然是教学的主要目标，着眼于听、说、读、写、译五项技能的培养，混合式教学模式仍立足于这五个方面，但是，混合式教学模式从理念、设计、资源、方法、评价等方面都发生了根本性的改变，这必然促使学生在学习思路、方法等方面随之发生改变，从而在学习能力和综合素养两个方面同时获得提升。

二、混合式教学模式的特点和现状

（一）混合式教学模式的特点

混合教学模式是传统教学模式与网络教学模式的融合，将二者的优势结合起来，充分发挥教师在学生学习过程中的引导、启发、管理的主导作用，充分突出学生在学习过程中作为学习主体的自主性与创造性，通过优势互补，达到理想的教学效果。混合式教学模式能够进一步加深学生学习过程的参与度，帮助学生提升团队协作能力，在求知的过程中提升学生的探究能力和创新能力。

混合教学模式最显著的特点在于它摆脱了实体大学的地域限制，打破了传统课堂教学模式单调的固化形式，教师与学生可以通过网络进行平等交流与相互沟通，培养师生间、生生间以求知、求真为纽带的平等的人际关系。但这种教学模式并不能取代传统教学模式的主体地位，传统教学所具有的优点是线上教学无法取代的，线上教学只是传统教学的补充，两者结合可以实现优势互补，激发学生的学习潜能、积极性与主动性，使学生的主体地位得到充分发挥。

（二）混合教学模式的现状

中国地域辽阔，每个省、市的师资力量、信息化资源、教学设备也千差万别，这导致全国各地教学水平参差不齐。信息化背景下的混合式教学模式可以最大限度地实现教育资源的跨时空共享，在一定程度上弥补客观条件造成的不足。

虽然混合式教学模式的优势已达成共识，但毕竟处在初级发展阶段，缺乏成熟的理论与经验，要想全面发挥其潜力，需要政府、社会、学校等多种力量的配合与支持。目前，线上教学开启了史无前例的顶峰时代，各级教育部门应真正意识到信息化教学的重要意义与积极作用，积极鼓励并科学地指导混合式教学模式的应用与发展，混合式教学模式将迎来突飞猛进的新时代。

在教育部门的鼓励与支持下，各级学校纷纷发挥主观能动性，在加强与完善校园网络建设的同时，积极倡导与组织老师学习与利用各种信息化平台与资源，为开展线上教学创造优质的网络环境与条件，保障教学活动的顺利开展。在双重驱动下，教师在最短的时间内熟悉了如何利用信息化资源进行教学，提升了自身的信息化素质，提高了教学质量，所积累的经验为复学后开展混合式教学奠定了坚实的基础。

三、信息化背景下混合式教学模式的构建

（一）提升教师队伍的信息化应用能力

教师队伍的素质是实施混合式教学模式的关键因素。人们都恰当地把教学活动比喻成舞台演出，教师是舞台的设计者与导演，学生是演员，演出的效果既取决于演员的演技，也取决于导演的水平，甚至说演员的演技是靠导演导出来的，这个比喻形象地说明了教师在教学中的作用与重要性。因此，在信息化时代，提高教师的教育信息化素养具有重要意义。

首先，加强理论培训，在教育理念、教学方式、专业素养三个方面提升教师的理论素养。根据实际情况，学校通过专题讲座、外出培训、校际互访等形式提高教师的理论水平，转变其教学理念及教学角色，使其认识到学习过程既是一个学习知识的过程，更是自我管理、自主创新、沟通协作的过程，在这个过程中，学生获取了知识、习得了方法、强化了协作、培养了人格。其次，提升运用信息化技术的能力。信息化背景下，教师不仅是课程专业人才，还是信息化技术的运用者，能够选用合适的网络平台及 APP 软件开展线上、线下教学活动及评价。另外，面对统一的教材，教师应具备对课程内容进行重新开发、设计和编排的能力，利用信息化技术制作微课和课件的能力。[1]

（二）构建信息化背景下的混合式教学模式

整合线上、线下各种学习资源，将在线自主学习与课堂教学相结合，构建信息化背景下混合式教学模式是当今教学改革的最佳选择。

1. 混合式教学模式的设计

混合式教学有效实施的前提是做好教学设计和提供丰富的多元化教学资源。教学设计包括课前、课中和课后三个环节以及贯穿其中的教学评价。设计要详细规划每个环节的具体内容、步骤、要求及评价方式，整个过程既要注重学生的自主学习与自我管理，又要倡导师生及生生间的共同协作，教师与学生利用电脑或手机可随时随地地对教学内容、课后习题进行互动讨论。

课前预习。这是第一个必要环节，缺少预习环节的课堂讲授，学生不仅学习被动，也会增加理解难度。在传统教学模式下，教师主要指出预习内容和作业要求，缺乏细节性指导和展示，预习效果一般，而在信息化条件下，教师将课前预习与课堂授课内容进行设计、编排，配合音频、图片、动画等媒介手段，加强趣味性和易记性，之后，把这些加工好的材料上传到学习平台，供学生自主下载学习，同时，把本单元或章节的教学目标、课程安排以及考核方式等要求发给学生，方便学生对本单元或章节的整体了解，从而强化预习效果。教师通过平台统计的

---

[1] 夏俊萍.浅析大学英语教学中学生修辞鉴赏能力的培养 [J].吉林工程技术师范学院学报，2014(10).

学习数据，了解学生学习的重点、难点，以增强课堂教学的针对性。因为是提前预习，学生可以有充裕的时间观看教学视频、学习课程资料、完成相应测试，学习过程中还可以进入平台，在互动讨论区对难点、疑点进行讨论，互助解决问题，还可以分享学习体会与经验。

课堂讲授。在混合式教学模式中，该环节依然是教学的核心部分，教师针对学生的预习统计数据，对重点难点进行讲授及答疑。在讲授过程中，教师可以利用 APP 平台进行随堂练习与测试，实时监测学生知识点的掌握情况，还可以安排一些抢答题以提高学生的参与积极性与营造灵活的课堂氛围。这个过程中，教师是教学活动的主导者，借助可视化的视频，图文并茂地呈现知识点，更好地吸引学生的注意力和专注力，特别是对于文化差异或能引起思想争议的知识点，教师可以引导学生通过讨论、辩论等方式进行创造性、探究性学习。在完成知识点的学习后，可以组织学生进行总结性发言，让其他学生进行点评和提问，提高学生学习的参与度和积极性，激发学生的求知欲，弥补"填鸭式"教学中缺乏趣味性的缺陷。

课后复习。这是对所学内容的巩固与反思阶段。一方面，教师可以利用网络平台布置一些作业，或开展在线测试，即时评价学生的学习成效，让学生了解自己对课堂知识的理解和掌握程度，及时针对薄弱环节查缺补漏。另一方面，学生可以多次回看视频或教学课件，巩固对课堂知识的理解，还可以下载教师上传的相关拓展学习资料，强化课堂上所学习的知识。有疑问的同学可以在平台讨论区与其他同学以及教师进行讨论，开展探究性学习，培养创新性思维。

2.构建完善的评价体系

基于信息化的混合式教学模式是师生共同参与的具有多向交互的创新模式，教学成果可以通过教学评价反映出来。信息化智能教学平台能够实现对学习者的学习过程、学习效率以及课前、课后的参与度、参与质量等数据的统计与分析，客观地反映教师与学生的教学行为及质量，从而对教师与学生进行客观的过程性评价。学生可以通过评价调整自己的学习策略，管理自己的学习行为，教师同样可以通过评价结果，反思课堂设计，调整教学方法及策略。

当前，该模式尚处在摸索阶段，还没有形成完善的课程评价体系，评价方式与评价效果需经过一段时间的磨合与验证。相比传统评价体系，混合式教学模式可以借助信息化平台数据进行较为全面、客观的过程性评价。教师可以根据评价结果对教学各个环节进行调整，学生可以根据教师、同伴及自身评价，了解自己的优缺点，及时调整对自己的管理与学习策略。可见，混合式教学模式不仅是教学方式的转变，更是教学思维、理念与实践的转变，把知识学习的过程变成了以知识学习为媒介的认知探索与创新的过程。所以，课程评价体系要从硬性的量化评价转向软性的认知评价。

混合式教学模式借助信息化资源与手段，充分整合了线上线下多种学习资源与媒介，将课前预习、课堂学习、课后复习及评价等环节有效结合起来，实现了课内与课外学习的优势互补与交叉融合，不仅为学生提供了更为便捷和丰富多彩的学习方式与体验，而且使教学变得越来越生动和高效。总之，基于教育信息化的混合式教学模式将引发教育领域的一系列变革，教育部门及学校要充分把握这一发展机遇，对传统教学模式进行改革，实现教学模式的跨越式发展，整合、共享社会资源，全面贯彻"因材施教"的教育理念，为学生的个性发展提供条件与环境保障。

第二节　教育生态学与大学英语信息化教学

随着现代教育技术的蓬勃发展，大学英语教学过程中不断融合先进的技术手段，大学英语教学生态环境产生一系列失衡现象。本节以教育生态学为研究依据，剖析大学英语信息化教学失衡现象，探索信息技术和大学英语教学的整合方法，构建生态因子之间的平衡，以期促进大学英语信息化教学改革与可持续性发展。

我国教育部高等教育司编写的《大学英语课程教学要求》（以下简称《课程要求》）提出了新型的教学模式，即基于计算机和课堂的英语教学模式。陈坚林教授对《课程要求》中的相关细节做了以下解读："大学英语教学改革方向之一是信息化教学，生态化课堂建设也是改革的重要部分，两者的结合能确保教学'高效化'和教学环境的'生态化'。"信息技术进入大学英语教学，势必对该系统中生态因子的地位、作用产生一定的影响，甚至会破坏教学系统的生态平衡，出现不平衡的现象。本节将"教育生态学"和"信息化教学"相结合，力争创设平衡的大学英语生态教学环境，促进语言教学的稳步发展。

一、教育生态学的概念

教育生态学是从生态学的视角探求教育系统内部规律的一门科学，其核心内容在于教育的生态平衡。教育与生态因子间的关系是决定教育成效的关键，教育学和生态学两个学科相结合的研究有利于平衡各生态因子和教育之间的关系，解读教育现状并解决问题，实现平衡、和谐的教育。教育生态学视角下，语言系统可以被看成由教育施动者、教学对象、内容和教学环境等因子组成的微观生态系统，只有在和谐的环境里相互作用，才能促成语言教学系统的健康有序发展，保证外语教学改革的良性循环与可持续发展。

二、大学英语信息化教学生态失衡内涵

从教育生态学的角度审视现代教育技术支持下的大学英语教学现状，可以得出以下结论：大学英语课堂生态总体上还处在不同程度的失衡状态。总体来说，往往有这些状况：第一，生态系统中各要素的发展受到制约，甚至不能发挥其基本功能；第二，生态系统中各要素间缺乏流通，彼此制约，致使生态结构混乱；第三，整个生态系统因教学各因子作用的缺失，难以满足学生对教育的诉求。从微观角度看，具体有以下几个方面失衡的情况：

（一）师生生态主体间的失衡

在信息化教学中，教师在教学中重视传授知识和技能的途径和内容，而忽略和学生进行情感交流的过程。外语教学软件和应用平台在教学中常被作为载体被教师用来评估学生课后的自主学习，很少关注全部学生的情况，不经常进行网络评注或跟进学生的掌握情况及应用能力，难以及时纠正口语训练中的语音语调，

教学后期跟踪和必要的教学改进产生时间差，不能及时逾越"教"与"学"的鸿沟。同时，部分教师将"教学改革"设为教学目标，部分学生更多地关注学习的效果和直接又传统的教学方式。教师和学生的角色随着新教学模式的应用发生变化，师生双方互相期待的角色产生矛盾。因此在教学目标和方法、师生角色上存在失衡的情况。

（二）师生主体与信息技术的失衡

部分教师（尤其是年纪较长一些的）和学生，长期受到传统教学方式的影响，首先在思想观念上没有得到更新，忽视信息化教学能力的培养，消极的态度和落后的技能与信息化教学的要求构成矛盾，制约基于信息技术教学的发展与普及，影响教师与课堂环境的互动，致使信息技术的应用需求和教师信息化教学水平、学生信息化学习能力素养失衡。此外，信息化生态课堂的理念与教师传统的"以教师为中心"教学理念形成矛盾，与学生学习观念和从高中沿袭下来的单一的学习方法形成矛盾。

（三）教材、教学内容与信息技术的失衡

陈坚林认为，信息技术应和配套教材实现有机融合，且信息技术是对教材充分利用的必要支持，也是拓展教材的有效手段。然而目前，教材配套的网络学习资源和书本基本一致，没有做合理的拓展和延伸，导致资源重复、浪费。无论是移动设备还是电脑平台上的自主学习资源设计都存在缺陷，形式单一，口语练习机会较少。此外，在实际教学中，教学内容和形式过于单一，教师未能将内容很好地与多媒体技术进行结合，未布置适宜的基于网络的自主学习任务，也未能将学生自主学习能力的培养与信息技术学习能力的培养有机结合，没能很好地发挥两者的互推作用。

除上述失衡情况外还存在教学评价体系与信息技术的失衡、教学模式与条件的失衡、院校各机构间的生态失衡等情况。大学英语课堂生态失衡现象制约了个性、互动、开放的教学生态体系的构建。

三、现代信息技术与大学英语教学的整合思考

（一）更新教学理念，探寻教育目标和学生需求间的平衡

教育生态学强调"以学生为中心"的现代教育思想，贯彻"以学生为本"的原则，为学生提供全面、自主、灵活、和谐的发展平台。因此，教师要摒弃传统的教育观念，摒除照本宣科"一言堂"的教学方式，采用多媒体课件展示、微课、翻转课堂的形式，引导并鼓励学生主动学习、思考、提出质疑和思辨；明确教师是组织者、引导者、协助者的角色，培养学生的自主能动意识，给学生参与课堂和自主学习的机会和平台。教师应及时更新教学理念，以生态化为前提，结合授课对象对教学活动进行严谨、合理的设计和实施，全面考虑实现教学目标应采用的信息技术手段，引导学生接受并应用现代技术手段展开学习，实施个性化、素质化教育，注重情感因素在信息化教学中的作用，及时互通有无，反馈教与学的效果，帮助学生建立"学有所依"的情感，使其学习充满动力，享受学习的乐趣，从而真正实现师生间相互依附、平等共生的生态型学习共同体。

（二）革新教学方法，探究师生、生生间的平衡

在大学英语生态课堂中，师生构成了生态环境的主体，生态平衡的课堂构建是以师生间有效的交流手段为基础的，即改进教与学的方法。在"互联网+"时代，大学英语教学应基于计算机技术综合运用多种方法进行教学，如采用合作式学习、探索式学习等方式，进行看图说话、角色扮演、游戏活动、戏剧扮演、多媒体辅助教学等典型的生态共生课堂教学方法；除有形的课堂外，建立无形的网络互通平台，如 QQ 群、学习平台等，课前上微课，课上进行翻转课堂，课后完成自主学习平台上的任务加以巩固和拓展。

教师应改变传统教学模式中的角色，处理协调好师生、生生之间的关系。传统课堂中的教师是知识的传达者和再生者，是学生学习知识的主要源泉，信息化课堂中网络资源、多媒体课件及学生本身都可能成为知识的转化者和生产者，占据教师在传统生态位中的地位。例如，一些学生课前已经在自主学习平台或者通

过微课学习之后，掌握了实际课堂授课的重点和难点，继而忽略教师面授时的传授。另外，信息时代给学生提供了碎片式的学习模式，学生一旦遇到学习困惑，第一时间会搜索网络解答或寻求在线帮助。面对实际授课被忽视的状况，教师应当重新审视教学生态位中的角色，与信息化教学手段的作用交叉或起到互补作用，重新定位身份。

学生应相应地调整生态位。在信息化语境中，学生的地位及角色都应发生改变，不再是单一的知识被动接受者，而是知识的主动建构者及转化利用者。信息化的教学课堂应突出学生的主体地位和教师的主导地位，学生的主动探索学习和教师的积极引导会构建和谐、平等、共进的师生关系。此外，学生与学生之间的关系应保持平衡。生态学的竞争排斥原理揭示，当两个或更多的物种共同分享一定的生态位空间时，会出现竞争排斥现象。因此，外语教学既要引导学生进行适度的竞争，又要通过个性化培养规避学生间过于激烈的竞争而导致生态位分离或脱轨。

（三）巧用教学资源，实现信息化教学手段与教学素养间的平衡

英语教学资源较丰富，教师应当善用、巧用包括文本、音像材料、网络多媒体资源等在内的教学资源。综合性的教学资源要求教师提高对各种教学资源的使用能力，根据实际教学需要，筛选与教学主题适合的教学素材，作为基础辅助或拓展材料融入教学中。教师首先应加强网络教学管理功能，通过参加相关软件培训，熟悉网络管理平台的功能，甚至可以通过学生身份试用各平台或软件，筛选可用的学习资源，熟悉操作流程，解决学生使用过程中的问题。其次，教师应充分利用平台的交互功能，按教学需要布置适量且适宜的作业，并及时批阅并反馈学生的完成情况，加强与学生的在线互动，让学生意识到教师始终在他们左右助学。此外，教师面授时应强调平台学习中的突出问题，对线下教学起到很好的指引和补充作用。最后，教师要制定适合本班学生情况的信息化学习的相关规定，学业的评估应与课外在线学习情况紧密挂钩。这样通过情感上的交互及客观的管理规定的制约，在提高教师信息化教学素养的同时，学生自主学习意识和能力逐渐增强，实现教学生态体系中因子的平衡，教学

效果会更好。

外语教学信息化是促进教学的一种手段，应当加以合理且适度地应用。陈坚林认为，过度使用技术（overuse of technology）是信息技术在外语教学中的失调现象之一。凡是过度而为之，必定会引发失衡现象。设想，老师过多采用信息化教学手段，如仅通过微视频预习，或仅完成自主平台的任务而忽略课堂面授，抑或是仅多媒体展示没有课堂互动，教学效果会是怎样？毫无疑问，学习效果低下。因为信息手段的过多使用破坏了教学系统的平衡，信息技术这一因子制约了其他因子作用的发挥。因此，教师信息化教学素养在控制适量信息化教学方面是一个考验。以网络自主学习为例，有些学生会在网络自主学习上造假，如找同学代做、挂网伪造做题时间、抄袭等，在信息化教学素养高的教师面前这些不良情况都是可控的。为了控制这些现象，教师首先应当剖析造假的可能性，可走访学生排查问题所在。其次，教师针对这些问题，加强控制和监管，完善应用平台的功能，如摄录学习者学习动态，加强上网学习者的身份认证，设置个性化随机任务和题目，改进公布答案的方式、课堂二次检查等做法，确保信息化教学的实际效用。

高校英语教学是一个庞大的生态体系，各生态因子间互为作用，确保因子间的平衡是教育生态学的核心问题。运用教育生态学理论和研究方法审视英语信息化教学的现状和发展，有利于探索整合出现的复杂问题，发现解决失调现象的机制，针对不同失衡现象提出具体的解决方案，优化教学体系，促进高校英语教学重新达到生态平衡，促使大学英语教学改革良性发展，实现兼容、多元、动态的良好教学秩序，提高教学效果。

第三节　教育信息化与大学英语口语教学

随着现代教育技术的发展，多媒体、网络等现代教育技术越来越多地被应用到英语口语教学中，而且对提高英语口语教学效果起到了很好的辅助作用，特别是在大学中，给口语教学带来了新的活力和生机。本节通过大学英语教学中应用现代教育技术的实践，总结了教育信息化在大学英语口语教学中的重要作用。

教育信息化指在教育领域运用计算机多媒体和网络信息技术，来促进教育的全面改革，使之适应信息化社会对教育发展的新要求。教学是教育领域的中心工作，所谓教学信息化就是要使教学手段科技化、教育传播信息化和教学方式现代化。大学英语是高校大学生的公共基础课之一，也是提高大学生英语水平和语言交际能力的重要途径之一。教育信息化使得英语口语教学方式和学习方式更加灵活多样，改变了传统的大学英语口语教学模式，成为改进大学英语教学的一项有效策略。因此，教育信息化在大学英语口语教学中的应用越来越广泛。

一、大学英语口语教学信息化的必要性

首先，信息技术已成为一种时代符号，并贯穿人们生活的方方面面，给人们生活带来了深远的影响和巨大的冲击。这种影响和冲击在高校教育领域也有着较为突出的表现。作为高校教育重要内容之一的英语口语教学，也面临着信息技术带来的挑战和机遇。其次，大学英语口语教育对于非英语专业的学生来说，是一种基础教育，需要更好地整合各种资源以确保良好的教学效果，加快信息技术在口语教学中的渗入，有针对性地实行信息化教学，已成为我国大学英语口语教学改革发展面临的重要课题。再次，信息技术是推进大学英语口语教学模式改革的重要元素之一，如何提升大学英语口语教学的有效性将是提高大学英语教学质量的关键。教育信息化将使现有的教育网、校园网进行教育信息化升级，新一代教育网必然成为未来教育信息化的基础。最后，教育信息化的核心是教学信息化，它要求在教育进程中较全面地运用以计算机、多媒体和网络通信为基础的现代信息技术，促进教育改革，从而适应正在到来的信息化社会提出的新要求。这对深化教育改革、实施素质教育具有重大的意义。

二、教育信息化在大学英语口语教学中对师生的要求

教育信息化的普及，要求师生必须熟练掌握信息技术，将其运用到大学英语口语的教育与学习中去。在信息化的时代背景下，人与人之间的距离越来越小，相互之间有着越来越深刻和难以避免的交融性，这就要求人们有着交际与合作的

主观意识。在大学英语教学中，这种要求体现在教师身上，就是团队协作性教学形式的转变。由于信息化教学内容的多样性，教学手段越加丰富，教学任务也更加艰巨，教师不仅要完成课堂授课，还要在课下做好网络平台上与学生的互动交流，这种多样形式齐头并举使绝大多数教师都无力独自负荷，这就需要教师从专注个人教学的工作方式走向合作，联合教学、共同交流、集体备课、资源共享，这既能提高工作效率，又能避免各自为政所造成的资源浪费，在整合信息资源的同时，实现人力资源的有效整合。学习语言是了解不同文化的敲门砖。现代社会的大学生，应积极培养自己具备这样的现实眼光，认识到语言学习的实用性，做长远的打算，丰富自己的内涵，提高对自己文化素养的要求，以更好地适应瞬息万变的社会发展现状，在不同文化的交融中去粗取精，努力做更完备的社会人。

三、教育信息化在大学英语口语教学中的运用及作用

大学英语视、听、说，同学们可以通过信息技术学习，如在网络上观看英文版的电影、听英文歌曲，或者是查找一些英语听力资料，从而提高英语听力和口语能力。大学英语读、写、译，老师可以通过 PPT 教学和形象生动的表达，为课堂注入新鲜血液。同学们也可以通过网络进行英语口语学习。

有效地发挥大学生学习英语的主体地位，在高校英语教学中，通过运用现代教育技术手段，可以将文字、图像、声音等媒体进行结合，将英语教学内容制作成多媒体课件，为学生创造一个全新的、多元化的英语口语学习环境，让学生充分体会这种语言环境，这不仅可以调动大学生学习英语口语的兴趣和积极性，还能改变传统的老师单一讲授的教学模式，起到很好的教学效果。此外，随着网络技术的发展和应用，我们还可以将不同的大学英语学习内容，根据学生的能力、水平等因素，设置成不同层次的学习内容，通过网络服务器，让学生随时调用这些学习资源进行学习，这在很大程度上尊重了学生在英语学习中的主体地位，对大学生的英语学习具有质的改变。

现代教育技术手段在高校英语教学中的应用，有助于提高大学英语口语教学质量，使口语、阅读等英语内容的学习变得更生动、更容易。比如，在大学英语

语音的教学中，要想发出标准音，必须要搞清楚发音的部位和技巧，也就是要明白发音时的口型和舌位。单纯通过老师的讲解是很难达到让学生看清、看准的目的，而这时候如果我们通过多媒体进行演示，动态地展示发音时口型变化及舌位变化，这要比老师一遍遍地重复教效果要好很多，也为练就一口流利纯正的英语打下了坚实的基础。此外，在口语、阅读、写作等课程中通过运用多媒体技术，以各种图片、图像或动画等素材制作成声情并茂的外语教学课件，让学生生动直观地领悟到外国语言文化的内涵和魅力，有助于帮助学生理解和掌握教学内容。[1]

现代教育技术应用到大学英语口语教学中，可以让学生自主学习并获取更多英语知识信息，特别是网络等免费资源的利用，使学生摆脱了单纯从教材中去学英语知识的历史，而且学生可以利用这些资源实现自主学习。大学生可以通过网络课程教材、光盘教材、英语资源库以及一些英语教学网站去自由地获取自己所需要的英语知识和信息，这些资源不仅开阔了学生了视野，还扩大了学生个人的英语信息容量，更有效地提高了大学生语言素质能力。

四、教育信息化在大学英语口语教学中的意义

首先，教学信息化能更好地实现语言教学的实用性意义。传统的大学英语口语教学只是将英语作为一种知识进行传播，而忽略了语言原本只是一种交际工具，从而忽略了英语的实用性意义，也难以培养学生学习英语的兴趣。而信息化的教学方式，利用多媒体等手段，能够更生动地展示出英语的魅力和在现实生活中的实用性，营造出英语学习的情境，在给学生输入知识的同时，吸引学生产生与之交流的兴趣，从而激发学生深入积极学习的自主性。

其次，教学信息化丰富了口语教学授课形式，提高了教学效果。形式多样的信息化教学能将教与学进行结合，改变学生被动学习的心理和模式，增强师生之间、学生之间的交流与协作，有效地将抽象知识诉诸形象的声画形式，使生硬的知识性内容变得具体、生动，加深了学生学习的印象，从而提高了学生学习的效

[1] 夏俊萍. 浅析大学英语教学中学生修辞鉴赏能力的培养 [J]. 吉林工程技术师范学院学报，2014(10).

率，强化了教学效果。

传统的大学英语口语教学是一种单纯的传授形式，学生对知识的接收是非常被动的。语言的学习注重运用能力的培养，被动式接受知识不利于启发学生思维的自主性，实际运用语言的能力就难以得到很好的开发和提高，这并不利于英语教育的有效开展。在信息时代的今天，这样的教学方式只能给学习者带去一些基础性知识性的内容，不能培养出适应时代需求的创造性人才，也不能有效实现语言学习的实用性。对语言教学进行适应性的改革，充分利用先进的信息技术，整合各种资源，实现教学信息化，对高校教育改革具有深刻的意义和影响。

第四节　信息化教育与大学英语课堂深度融合

随着信息技术的发展，信息化已经渗透到日常生活。随着社会的进步，教育思想也与时俱进，不断更新。在现代教育思想、理论的指导下，将信息技术引入课堂，可以发掘优秀教育资源，培养学生发散性思维，从而提高学生综合素质。随着信息化教学设备的引入，传统英语教学中的听、说、读、写也变得更加鲜活起来。

随着信息化教育深入课堂，教师开始利用信息手段对课本及教学材料进行填充和丰富，变二维为三维，使知识鲜活起来，同时从宽度到深度，对书本知识进行拓展。这样不仅丰富和扩展了教学内容，更让学生在课堂内学到更多有趣的知识。

一、信息化教育与大学课堂深度融合的桥梁

随着经济水平的不断提高、信息科学技术的不断发展，当代大学生几乎人手一部智能手机。如果学校以教学信息设备作为一个信息终端，学生手机作为另一个信息终端，就可以用信息技术连接两个终端。学校建立校园 App，对于公开课进行录制，上传至官方平台，让学生在面对课堂知识记不住或者不能在短时间理

解的情况时，利用官方平台复习这堂课的课程。例如在英语课堂上，教师讲课的时候会将大部分内容展示在 PPT 中，但是遇到复杂的语法问题时，由于课堂时间有限，教师在讲清语法及原理后，对 PPT 中的大量例句可能只会讲解比较具有代表性的语句，简洁的讲解对于学生来说可能就是匆匆带过，大学课程很难像高中课程一样进行事无巨细地讲解。运用互联网，教师可以将英语课堂视频和课堂知识要点上传，给学生一个更好的学习平台，让他们能够预习或复习相关课程。"互联网+"日益渗透到我们的生活，而且智能手机随身携带，方便快捷，学生可以随时随地通过互联网进行学习。用信息设备将课堂与学生联系起来，快捷便利，从而达到信息化教育与大学课堂的深度融合。

二、信息化教育与大学课堂深度融合的领域

教育信息化的建设和资源开发会涉及教育环境、教育内容、教育管理等教育领域的各个方面。在推动信息化教育与大学课堂深度融合发展的过程中，教师需要不断地对整个教育体系进行信息化开发，让更多的人从中受益。如果信息化只局限于课堂，就无法帮助学生更好地学习。推动信息化教育与大学课堂深度融合的过程需要一个庞大的教育体系的覆盖，如此才能推动融合的深度与宽度。在宏观信息化教育体系之下，更多的优秀教育资源都可以在大学课堂上使用。相较于传统的教学方式，利用信息化教学，能够将更多的教育资源、丰富的知识引进课堂。以英语为例，教师在教授例句时，可以找到更多的视频或者音频展现这个例句，或者展示一个词语的多种用法，在不同语句中的不同含义等。在拥有更多、更丰富的资源后，教师可以获得更丰富的课堂内容，同时也提高了课堂效率，优化了教学环境，对整个大学的课堂教学都有很大的推动作用。教学信息化越来越成为大学乃至中小学的教学模式，而大学在面对众多学生且具有相对较好的教学资源时，更应完善教学体系的信息化，进而推动信息化教育与大学课堂深度融合。

三、信息化教育与大学课堂深度融合的模式

教育信息化已经成为教育改革和发展的必然趋势，信息化的发展深刻地影响

和改变着传统教育模式，推动着教育方式的革新。有人认为信息化教育利用先进的技术，大力推动了教育的发展；也有人认为，信息化教育的推进改变了教育的初衷，让单纯的知识传授变得更多样化。我们面对事物都需要辩证分析，任何事物都是有利有弊的。信息化在某种程度上确实与传统教育方式存在很多不同之处，但是"沉舟侧畔千帆过，病树前头万木春"，新的事物必将代替旧事物。信息化教育的发展是适应时代的，是在实践中产生并不断推进的。一件事物的推广绝非偶然，只有拥有广泛的群众基础，事物才能做到所谓的"流行"。教育信息化在社会实践的过程中被认可，取得了效果，才得到被推广的机会。只有取得良好的教育效果，才能推动信息化教育与大学课堂深度融合。面对教育信息化中存在的一些弊端，教师要正确面对，规避这些弊端。例如教师在课堂中利用信息化连接互联网，在网络平台上布置作业或开展课堂测试，学生交完卷即可获得自己的成绩，得知自己在哪一方面有所欠缺，同时还降低了教师改卷的压力和改卷的出错率，也没有使用纸质试卷，更加节约、环保。

在大学中，学生需要自主学习与交流探究。将信息化教育引入大学课堂不仅仅是对英语，对其他学科也同样重要。越来越多的教学信息、知识信息得到推广，以信息化作为平台，推动信息化教育与大学课堂深度融合将是教学发展的潮流和发展趋势。因此，就英语这门学科而言，让信息化教育与大学课堂深度融合，是加快中国英语高等教育向前发展的重要一步。

在信息化教学中，学生的学习方式由被动变为主动，教师将不再是课堂的主导者，学生会成为课堂的主体。教师应利用信息化的平台，运用多种资源，构建宏观知识体系。教师在传授学生知识的同时，更重要的是引导学生学会自主学习和构建自我的知识体系，培养学生自主学习能力、自我管理能力、创作创新能力和协调协作能力。借助信息化教学平台，教师也将从一个灌输者转变为一个引导者，注意力从"如何把众多内容讲完"转到"如何让课堂更有活力"。

四、信息化教育与大学课堂深度融合的资源整合

教育作为社会主要的公共服务之一，教育资源不均衡的问题长期存在，且亟

待解决。在中小学，教育资源差异化是一个巨大问题，山区教育与城市教育存在巨大差距，对社会公平是一个很大的考验，而教育信息化可以尝试解决城市和山区这两个地区的教育差距，进而促进社会公平。不同的大学，教育资源仍存在差距，普通大学并不是都有能力和机会享有优质教育资源的。教育信息化改善了这一点，它将教育资源整合，让更多名师、名课进入互联网，更多的人即使不是学生也能学习，不断提升自己。可能一些学生在错失进入名校的机会后却想要在大学里发奋学习；一些曾经失去读书机会，现在已经工作但仍然渴望学习的人，他们对知识的渴求仍然强烈，信息化平台也为他们提供了学习平台。教育信息化能够帮助这些人拥有更多机会去学习、去深造。这样的信息化平台能使更多人受益，毕竟在教育资源有限的情况下，信息化能推动共享资源质的发展。从某程度而言，信息化就是促进教育资源整合并使教育趋于公平的重要手段。信息化教育与大学课堂深度融合，能够推动教育资源均衡发展和良性发展。

五、信息化教育与大学课堂深度融合的效果

信息化具有超快的反应速度和计算能力，出错率低，因此还可以提高效率。在课堂教学中，教师对 PPT 投影仪等教育信息设备的使用，能节约其在黑板上板书的时间。例如英语课，不论是单词还是例句，教师可能需要大量板书，但利用信息化设备可以节约时间和资源，将更多的时间集中在知识的讲解，而不是板书上。利用信息化平台可以融合多种教学资源，让英语课堂变得鲜活。一堂课能否吸引学生，教学内容是关键，优质的教学内容能促进学生更好地学习，信息化则可以推动教学内容的优化。在推动大学教育不断改革优化的过程中，加速教育信息化推进，能让教育资源整合成信息资源，让更多更好的教育资源能在社会上发挥更大的价值。所以信息化教育与大学课堂深度融合已成为教育发展的必由之路，让教育信息化深度融入大学课堂能够助推教育体系不断完善与发展。

随着经济科技的迅速发展、社会公平的日益推进，教育信息化只会越来越普遍，涉及范围和群体会越来越广泛。推动信息化教育与大学课堂深度融合是当前大学课堂深入改革的重点，信息化教育在未来的教育发展过程中，将会扮演重要

角色。同时，信息化教育在社会主义文化强国的建设中发挥着重要指导作用，也是推进教育改革发展的重要途径。教师应该将教育与信息纵向深度融合，让信息化走进课堂，推动课堂的深层次展开，让学生与课堂之间产生更紧密的联系。[1]

第五节　信息化时代微课与大学英语教学

21 世纪我国信息化水平不断提高，信息设备已经广泛应用于人们发展的各行各业。英语是教育体系中的重要组成部分，大学阶段英语教学主要是以提高学生的英语应用能力为目标，在社会多元发展的形势下，英语能力成了评价学生综合能力的重要指标，由此可以看出提高大学英语教学质量势在必行。微课是新型教育模式，是信息化技术应用于教学中的产物，微课使师生互动成为可能，既能够提高学生的学习兴趣，又能够减低教师的教学压力。所以在新时期将微课应用于大学英语教学过程中，有助于提高教学质量与效率。本节基于此背景简要分析信息化时代微课应用于大学英语教学的必要性，并提出具体的应用策略，希冀有效促进大学英语教学效果有效提升。

微课是信息化技术应用于教育过程的产物，微课使师生互动成为可能，应用微课进行大学英语教学，教师能够摆脱书本与教学框架的束缚。通过计算机设备播放教学课件或者是视频，能够将抽象的内容变得立体直观，在此过程中教师也会根据教学中的重难点知识或者是学生存在的疑难问题进行着重讲解。由于学生的注意力时间有限，教师可以根据学生的认知规律进行简短的讲解。所以教师必须要精心设计微课内容，精心构思教学框架，结合教材要求进行针对性反思，加强与学生之间的互动和交谈，才能够提供丰富多元的教学资源，为学生提供完整的学习环境，有助于发挥微课的教学优势与作用。本节从以下几方面分析微课应用于大学英语教学的必要性以及存在的教学问题，提出相应的指导策略。

---

[1]　张红 . 浅谈英语教学中常见的修辞 [J]. 教师，2015(11).

一、微课应用大学英语教学的必要性

微课是信息技术发展的产物，将微课应用于大学英语教学过程中，能够体现出师生共同进步、锐意进取的信心与决心。当前我国信息技术不断发展，已经广泛渗入人们生活的各个角落，智能化信息技术的发展也进一步加剧了信息化技术的渗透。由于大部分学生倾向于电子商城阅览、电子书、互联网查询资料与在线交流等各类方式，生活与学习中的各类事物都显得趣味多样。传统的讲授式教学方式对于学生而言缺乏吸引力，也难以调动学生的兴趣。由于高校英语课堂中学生常出现缺席早退迟到等现象，注意力不足可谓是比比皆是，所以教师通常需要花费较多的时间组织学生听讲，但是教师在真正讲解知识的时候，学生难以提高注意力，导致课堂教学进度较缓，也难以提高学生的学习兴趣。应用微课教学模式能够对传统的教育方式进行突破与改良，进一步推动高校教育改革的可持续发展。大学生是我国社会主义事业接班人，也是全面发展的中坚力量，有较为明确的个人理想与抱负，由于大学生存在个性化差异，传统的教学模式难以满足学生的多元化学习需求，会挫伤学生的学习热情。所以教师应当有效选用多元化教学模式，例如应用微课能够使学生进行课前预习与课后复习，有助于满足学生的碎片化学习需求，进一步改良了传统教学模式，有助于实现师生教学角色的转换，发挥学生的课堂主体作用，进一步提高学习效率。

二、微课在大学英语中的应用不足之处

微课属于信息化技术，微课的开展需要足够的信息化设备，大部分学校虽然配备了多媒体教室，但是也有些学校由于经费原因并未全面覆盖多媒体教室，再加之大学英语教学没有固定的教师，学生可能会在不同的教室内上课，所以如果多媒体设施配备不足，则会阻碍英语微课的有效开展。由于英语课程与其他课程有所不同，极为重视学生的听说能力，所以对于听说设备也有着更加严格的要求，但是调查显示部分高校并没有为学生全面安排英语听说设备，如语音实验室或者是视听设备，导致学生的英语学习水平参差不齐，学生的英语能力较弱。在传统

教学理念下，虽然英语是必修课，但是课程时间安排较少，通常是一个学期下来，教师难以讲完一整本课程。微课是新型课堂教学模式，但是在我国发展仍然处于起步阶段，部分英语教师难以全面掌握新型教学模式，虽然微课的教学时间较短，但是教师对于微课的教学设计需要花费较多的时间，而学生探讨也需要浪费一定的时间，导致课堂教学效果差强人意。教师必须要有效掌握微课内容，深入挖掘教材，才能够凸显出微课教学的重要优势与作用，所以教师的专业水平与综合素养也亟待提高，否则将会严重影响微课的教学准确度，难以与教学内容进行紧密契合，使学生无法在预计时间内找到重难点知识，降低学生的自主学习效率与质量。

三、信息化时代微课应用于大学英语教学的具体方法

（一）应用于课前预习

为了有效改善当前英语教学现状，提高学生的学习兴趣，教师可以将微课应用于课前预习全过程。微课在教学过程中能够有效突出教学重难点知识，例如教师可以将下一节课所讲解的知识点进行精简提炼，可以将教学重难点知识以微课的形式录制下来。然后要求学生在碎片化时间进行复习和探讨写生，可以根据微课预习视频的引导，自主掌握教师即将教授的知识点，遇到不懂的问题，也可以与其他同学进行探讨和交流。通过良好的课前预习，学生能够有一个初步的思维框架，当教师讲解新课时，便能够与教师进行思维探讨，跟上教师的想法，有助于提高学习效率与质量。

（二）应用于课堂指导

通过课前预习，学生会对预习内容有一个全面的了解，经过小组探讨交流，教师也能够了解学生存在的疑惑之处，在课堂教学过程中，教师可以根据全班学生存在的重点问题进行讲解。例如教师可以应用微课内容，采用启发式或总结式教学模式进行引导与帮助，可以应用微课课前导入或者是课堂互动，以提高学生的学习兴趣。在教学过程中，教师可以将微课视频在课程中进行分享，能够实现

优质教育资源的均衡，教师也可以根据教学视频的某一部分进行选取，修改更新教学内容的同时，确保能够改善学生的思维模式，使课堂教学形式更加灵活多元。例如教师在制作微视频时可以收集网络上的公开视频，借鉴优秀内容，取其精华弃其糟粕，将微课视频控制在十分钟之内，应用于课堂讨论与分析，给学生一定的自我思考时间，有助于提高学生的思维能力。

（三）应用于课后巩固

由于大部分学生并未掌握课后巩固方法，学生的学习存在一定的差异，难以跟随教师的思维进行课堂学习与互动，所以教师可以应用微课引导学生进行课后知识巩固。例如教师可以播放微课视频，鼓励学生根据自己的学习情况重复播放，或者是暂停。教师也可以制作微课作业，要求学生根据视频指导进行学习。此时微课类型应当将总结性语句或形象讲解的重点内容录制下来，例如难词的发音或者是解释英语文本的难点分析，以及复杂语句的翻译方法，使学生在复习过程中遇到问题时便可以查阅视频资料，能够提高复习效率与质量。

四、微课应用与大学英语教学应注意的问题

（一）精心选择教学内容，突出重难点知识

在教学过程中，教师应当正确认识微课教学模式，微课与传统的课堂教学或者是示范课教学有所不同，教师必须在有限的时间内突出教学重难点知识，所以教师必须要深入了解教材内容，要精巧地设计课题，切记不要面面俱到，不仅时间不允许，教学效果也会差强人意。例如微课可以着重讲解某个单元的重点词汇，或者是文化知识背景，或者是场景中的对话策略等等。

（二）快速切入教学主题，采用多元教学模式

教师可以选用多元化教学模式，但是微课时间有所限制，教师应当在短时间内快速地切入主题，切忌不要过长时间的导入，否则会使学生失去学习欲望；如果教学内容过于空洞乏味，则会失去教学效果，所以教师应当确保教学内容与形式上灵活多元。

（三）增强教学逻辑性与条理性，使学生掌握学习技巧

教师制作微课时必须要认真选取各类教学资源，能够制作丰富多元的电子课件或者是视频内容，应当加强教学课件间的逻辑性与关联性，使学生能够自主清晰地理出学习主线路，可以呈现视频与图片、flash 动画或者是文字等等。通过精心巧妙的设计成为联系紧密的整体，有助于学生清楚地了解到重点知识。

综上所述，我们能够看出在信息化时代微课属于新型教育模式，将微课应用于大学英语教学过程中，有助于提高学生的学习兴趣，进一步增强课堂互动探讨交流。在传统教学过程中，大部分教师习惯采用讲授式教学模式。由于大学阶段学生的思维活跃，具有较强的个性化意识，所以教师也应当扭转传统落后的教学观念，能够给予学生主体地位，使学生在微课视频的引导下，能够掌握自主预习与课后巩固的方法，切实发挥学生的课堂学习，主观能动性有助于提高学生的自主学习能力，在减轻教师教学压力的同时，进一步构建高效英语课堂。

第六节　信息化与英语后续课程"个性化"教学

在教育信息化的背景下探讨大学英语后续课程"个性化"的教学体系符合社会和学生的需求，也是大学英语改革的确定方向。本团队根据学生和社会需求，结合外语教师专业方向和教学兴趣开设大学英语后续课程。集体备课设定课程目标和教学内容，确定教学资源和教学手段，遵循"以学生为中心"的教学理念，采用形成性评价和终结性评价相结合的手段，实施信息技术支持下"教师合作翻转课堂"授课模式。该教学实践提高了教师自我效能感，使课堂更有生命力，平衡了教与学的需求。

自 2010 年《国家中长期教育改革和发展规划纲要（2010—2020 年）》（以下简称《规划纲要》）出台以来，我国高等教育进入了发展的关键时期，而根据《规划纲要》所提出的目标要求，大学英语教学改革也在不断推进和深化之中。其中，最显著的特征就是"个性化"的大学英语教学体系和教育信息化。如王守仁和王

海啸开展调查研究的 530 所院校中，有 333 所院校明确提出要根据院系或者学生需求开设不同的课程。所有班级采用"课堂面授＋网络自主学习"教学模式的学校高达 63.1%。因此，探讨大学英语基础课程外的后续课程建设，探索在教育信息化的背景下如何建立起"个性化"的大学英语课程体系，对大学英语改革具有十分重要的意义。

一、大学英语后续课程概述

早在 1978 年，杨惠中等人就提出"外语教学要结合语言的社会功能、要培养交际能力"这一观念，推动所谓专用英语的教学与研究工作的发展。而 1985 年 2 月教育部审核的《大学英语教学大纲》中又提出了"分级教学"的概念。大纲中把教学阶段分成 6 级，1~4 级为基本要求，5~6 级为较高要求，并且明确指出"分级教学有利于因材施教、早出人才，同时也可以调动学生的积极性"。这些考虑到社会需求和学生发展的外语教学理念可以看作是大学英语后续课程的雏形。随着大学英语教学改革的不断深入，2007 年教育部明确提出："各高等学校应根据实际情况，按照《大学英语课程教学要求》和本校的大学英语教学目标设计出各自的大学英语课程体系，将综合英语类、语言技能类、语言应用类、语言文化类等必修课程和选修课程有机结合，确保不同层次的学生在英语应用能力方面得到充分的训练和提高。"因此，为了满足"学生个性化的学习"和社会对高校毕业生"较强的英语实际应用能力"的要求，越来越多的高校开始开设大学英语后续课程，以满足学生较高英语学习的需求。如华东交通大学实施了模块化大学英语后续课程，北京理工大学开设了 30 多门后续选修课程。综上，笔者将大学英语后续课程定义为：各高校在完成大学英语基础阶段（通用英语）的教学后，依据社会需求和学生兴趣开设的基于特定内容的大学英语课程，以作为大学英语应用提高阶段的课程。

二、开展大学英语后续课程"个性化"教学的要求

（一）"个性化"的大学英语课程内容

无论是大学英语的人文性与工具性之争，还是通用性与专业性之间的关系，体现的都是大学英语"教什么"的问题，即大学英语课程内容的设置问题。许多高校希望能结合院系专业特点和学生需求设计具有"个性化"的大学英语课程体系。如上海财经大学根据学校定位和特点开展了专门用于英语课程"商务英语沟通"。课程内容"定制化"和"多样化"是"个性化"的一种体现，但是同一内容，还得适应不同水平的学生，要体现"分层教学"。因此，每个院校都有必要基于本校学生基础，根据各院系特点开设基于本校学生特点和发展水平的"个性化"大学英语后续课程。

（二）"个性化"的大学英语教学模式

2010 年国务院颁布《规划纲要》时，就对"加快教育信息化进程"这一改革任务专门做出了指示和要求。《大学英语课程教学要求》也明确提出"各高等学校应充分利用现代信息技术，采用基于计算机和课堂的英语教学模式"。目前，现代信息技术与教育结合的最普遍的产物就是"翻转课堂"教学模式。截至2016 年 11 月 13 日，以"翻转课堂"为主题检索词在中国学术期刊网络出版总库搜索出文章 7169 篇。回顾翻转课堂研究，从 2013 年起，在"翻转热"的浪潮下，逐渐出现的理性思考和本土化建构的声音，号召大家不要盲目照搬国外的教学模式，认为"本土化建构"才是"个性化"的重要体现。随着实践的深入，全国不同区域已探索出诸多"新"的教学模式，在这些"个性化"教学模式的应用过程中，教学中的各要素又被进行了全新的理解，如浙江广播电视大学开展了基于移动学习的 O2O 翻转课堂的应用研究，重庆师范大学开展了移动学习环境下微信支持的翻转课堂实践探究。

三、"个性化"大学英语后续课程的教学实践

(一)"个性化"课程的需求调查

为了建设"个性化"的大学英语后续课程体系,本教学团队针对 2013 级已经完成大一基础英语阶段学习的大二学生进行了一项"大学英语后续课程需求"问卷调查。调查内容主要涉及学生对外语能力的自我认知及目标追求、用人单位对学生外语能力的要求等方面。其中,有一项数据引起了我们的高度注意,即学生对于听、说、读、写、译这 5 种技能的需求。调查表明,选择口语和听力在"最需要发展的技能"这一项的人数大大高于其他三项(阅读、写作、翻译),高达84.06%。鉴于此,我们结合院系要求,于 2015 年 1 月至 2015 年 7 月为 2013 级经贸学院的学生专门设置了"商务英语"和"高级英语视听说"(以下简称"视听")两门大学英语后续课程。

(二)"个性化"课程教学设置

本次大学英语后续课程是针对经贸学院已经完成英语基础阶段学习的大二学生实施的模块化教学,最大的创新在于打破传统按专业班级教学的设置,转而以课程为主线,每位教师负责一个课程模块,让学生根据自己的兴趣选择课程。授课由传统的一名教师教一门课的模式转变为信息技术支持下的"教师合作翻转课堂模式"。首先,我们把大学英语 IV 设为 2013 级经贸学院学生的必修课,"视听"和"商务英语"两门课程设为供学生选修的后续课程,这两门课程由 4 位教师合作打磨,每门课程包含 4 个模块,由 4 位教师分别执教。以"视听"课程为例,这门课程分为"高级综合""广东文化""英美电影赏析""演讲的艺术"4 个模块,每位任课教师负责一个模块(模块之间内容相互联系)。然后把选择了"视听"的学生分成 4 个班级。每位任课教师携带自己的模块每周上 4 个学时的后续课,每 4 周轮换一个班级。在课程正式实施的前一个学期,4 个模块的教师要先进行第一轮合作备课。在正式实施期间同时附设第二轮备课,采用一周一次的合作备课来商议是否要根据授课情况对每个模块中的学习目标、学习资源、学习活

动、评价方式进行调整，以达到 4 个模块的统一。为减少讨论、协商时的困难，本次教学借助信息技术的优势，一方面，打破时间和空间的阻碍，第一轮备课采用"面谈＋线上"会议的方式，第二轮备课采用线上、线下会议相结合的方式，这在大大提高教师参与度的同时，也快速提高了备课的质量；另一方面，满足学生的个性化学习需求，在课程教学时采用翻转课堂的教学模式，让学生充分利用信息技术设备和资源先完成自主学习，然后将自主学习与课堂上的教师指导充分相结合。第一轮备课充分保证授课质量，第二轮合作备课和教学反思紧密联系，以达到改善和促进下一阶段教学内容的目的。

（三）"个性化"课程教学的推进

1. 课程目标问题

通过教学目标和课程大纲来约束和指引教师的教学工作。开学之初，我们在 Moodle 平台上发布课程大纲、教学进度和各阶段的具体任务，让学生提前明确学习的方向和目标。从设计层面将每个模块的教学目标都指向"视听"这门课程的总目标，能够有效避免由于分设 4 个模块造成教学目标不集中、教学内容混乱的负面效应。

2. 教学内容问题

为给每个模块设置参考书目，根据教学目标和班级学生的实际水平选择和调整教学内容，重视生成性资源和符合时代气息、学生喜爱、质量高的网络教学资源，解决了"视听"没有相应教材、内容不确定的问题。

3. 教学活动问题

教师要重视教学活动的选择和组织，将教学中的目标、内容资源、师生、环境等因素实现较为合理的设计，关注学生学习兴趣的保持、技能的提高以及思维品质的提升。在教学活动的设计方面，信息技术就为增强活动的丰富性和互动性做出了不可磨灭的贡献，也更加凸显了学习的"个性化"。如在笔者教授的"演讲的艺术"模块的实施过程中，第二周的内容是演讲稿的准备，教师先在平台上发布 2009 年奥巴马开学演讲视频，学生需课外通过观看视频和自己参考其他的相关资料，总结出奥巴马在这次演讲中所采用的开篇和结尾的方式。在课堂上，教师先把学生总结的开篇和结尾的方式投放在大屏幕上，然后让学生用"微弹幕"以头脑风暴的方式来考虑还有哪些开篇和结尾的方式。接下来，学生按组在tower（网上办公室软件）上讨论研究，根据第一周确定的主题和支撑材料，找出一个最适合该主题表达的开篇和结尾的方式。最后，用"微信大屏幕"分享几个代表组的作业。课外学生可以用"微弹幕"的方式发表自己的观点。由于前期对课程目标、内容、资源、活动和评估手段做了充分的准备，教师在授课环节的任务相对轻松，并且自然地从"领导者"过渡到"引导者"的角色。课堂也通过信息技术的手段让每一个学生都有发言的机会，不再是教师的"一言堂"，充分体现了"以学生为中心"的教学理念。

4. 教学评价问题

教师讨论有利于形成一个有效的评价学生成绩的评价量表，且对学生进行形成性评价。"视听"这门课程在第一轮备课结束后决定，本课程对学生实施形成性评价，成绩比例分布如下：期中考试占10%，口语考试占10%，学习历程档案占80%。其中，学习历程档案分为个人课堂表现和课程作业（50%）、小组课堂表现和课程作业（30%）两个部分。平时成绩和期末考试成绩五五分。在整个教学过程中，我们为每一位学生建立学习历程档案，一方面是他们为自己及同伴学习搭建的"脚手架"，另一方面也方便教师对学生的管理（尤其由于"教师合作"模式中4周一轮换的原因，教师对学生的信息不够了解，而通过电子学档就可以解决这一问题）。

四、对大学英语后续课程实施的反思

（一）积极方面

1. 提升了教师的自我效能感

班杜拉的"自我效能感"启示教师，当确信自己有能力影响学生的学习行为和成绩的时候，他们就会产生高度的"自我效能感"，并会努力去实施教学。传统授课模式中，教师独自备课和上课，心理负担和任务量繁重，而且不能满足不同学生的需求。久而久之，当倦怠期来临，教师甚至会怀疑自己的教学能力。而实施"教师合作翻转课堂"模式，第一轮上完之后教师可以有充分的时间和精力去了解学生和反思修订教案。每周一次的教师团队合作备课，教师们不再是无精打采，而是兴高采烈地与团队的其他教师分享，从他们那里获得意见和支持。加之教师选择的课程是自己感兴趣和擅长的内容，其积极性被调动起来，能够从容地对教学目标及教学手段进行修订，并且能够在下一轮的授课中得以实施，主动性被完全激发。而在传统的教学模式中，即便教师有时间和精力去反思，也至少是一个学期之后。对于"大学英语"课程则通常是两年之后才能去实施改进的措施，受时间的限制，其效果可想而知。4周一轮换的及时改进策略和改进后从不同班级学生那里对比看到效果，将会再一次提升了教师的自我效能感，进入教与学的良性循环。

2. 平衡了教与学的供求关系

教与学之间供不应求的形势一直都在影响着我国大学英语教学改革进程。"翻转课堂"让教师从讲台上走下来，使学生变为学习的主人。而教师合作备课不仅解决了教师备课量过大、负担过重而草草备课的问题，同时也可以令教师有时间更新教学资源，开发更多的高质量课程。"教师合作翻转课堂"教学模式从教师不足和课程不足两个方面平衡了教与学的供求关系。

3. 促进了生生、师生交流

"教师合作翻转课堂"模式中，首先把学生分为完成了基础阶段英语学习和未完成基础阶段英语学习两个部分。然后，由学生选课，一个自然班的学生被分在不同阶段、不同模块里上课，由不同的教师教授不同的内容。一方面，达到了分层教学的目的。另一方面，Moodle平台也为学生之间、教师之间以及学生与教师之间的交流提供了场所。大学教师不再是带着教材出入教室的陌生人。通过访谈，我们了解到大部分学生都愿意参与在线平台讨论，他们在那里互相学习、交流学习体验和情感。在"教师合作翻转课堂"授课模式下，教师线上和学生互动频繁，教师走下讲台，将更多的时间交给学生，走到学生身边进行引导和交流，跟他们一起完成学习任务。课后某学生说："我就觉得你不像老师，像个朋友，我什么都想和你分享。"还有学生说："我觉得老师不是老师，更像一个战壕里的战友。"

4.学生在课堂上的表现更有生命力

"教师合作翻转课堂"的教学模式既让学生接触到不同的教师、体验不同的授课风格，又让学生动手动脑，运用现代信息技术解决问题。丰富的学习内容以及多元的表达方式让学生在课堂上的表现较之传统课堂更为活跃。由于课堂中的每场活动都经由教学团队中的教师集体创设，活动的趣味性、知识性、挑战性和创新性更是让课堂参与度大大提升。学生越来越主动参与课堂，将快速促进他们主体性的提高，他们在课堂上的表现也更有生命力。

（二）需要改进的地方

教学资源的丰富性、教学活动的趣味性和挑战性全面体现了教师的专业能力，教育信息化背景下的教学不仅需要教师具备丰富的专业知识和扎实的教学基本功，更需要教师能够掌握技术教育的方法。这学期在开设两门后续课程"商务英语"和"视听"的过程中，2个备课团队的8名教师都是之前开过相关课程的教师，对于彼此的课程内容都非常熟悉，在此基础之上才能够产生较为深度的合作。个性化教学持续推进要求根据教师兴趣开设数量更多、质量更高的系列课程，但是从现实的情况来说，师资数量、质量是不够的，不可能每门课程都能与匹配与教师兴趣相契合的模块。基于此，教师还需要进一步接受培训、进修或自学，从源头保障课程质量。除此之外，开展个性化教学要求提升全体教师的信息素养，开阔教师的眼界，提高教师的技能。通过本次教学实践可知，教师对信息技术的利用是充满兴趣的，但是由于教务繁忙，他们对信息技术的了解和运用还远远不够，如清华大学研制的"雨课堂""微信大屏幕""UMU互动"等软件在提高课堂互动效果上起到了很大的作用，但是很多教师都还没有听说过。因此，为教师推荐合适的软件平台，并激励他们积极使用，增强信息技术应用意识，应纳入学校的下一步工作计划当中。[1]

完善的大学英语后续课建设应该包括大学英语后续课的课程设置、实施模式、师资建设、教学资源建设和管理、教学评价和管理体系等，此次实践仅涉及

[1] 张红.浅谈英语教学中常见的修辞[J].教师，2015(11).

课程设置、实施模式两个方面。如何在信息化背景下借助现代媒体技术的优势，促进"个性化"大学英语课程体系的建设，其值得我们在以后的研究中进行更加深入细致的探讨。

第五章　信息技术与大学英语教学模式

第一节　信息技术下大学英语动态分层教学模式

随着新课改的不断推行，信息技术与高等院校教学的联合应用已经越来越普及。信息技术为大学英语教学模式提供了更多的机遇，再加上动态分层教学的联合应用，可以提升大学英语的教学效果和教学能力，这对我国大学英语教学模式的改革和创新具有重大的意义。

一、动态分层教学模式的概念及原理

分层式动态教学模式就是以学生的学习情况、性格特征及学习能力为基础，将学生分成两个或多个英语水平差异较小的群体。英语老师根据群体中学生的英语学习能力布置教学任务，并以成绩为参照标准对学生进行科学的评价。这种教学方式能够满足学生的各项需求，让学生在英语学习中获得更多机会，提升学生对知识点的理解能力。分层式动态教学模式主要分为两种教学层次，分别是显性教学层次和隐性教学层次。显性教学层次是以某个公开的标准进行排序并开展教学的，没有班级的限制。隐性教学层次主要开展于班级教学中，有助于老师开展个性化教学。在信息技术的支持下，大学英语分层式教学已经呈现了一种新的教学趋势，弥补了传统教学模式的不足，最大限度减少学生差异化对教学质量的影响。

动态分层式教学模式的原理主要有三个：一是成败原理。俗话说：不论黑猫

还是白猫，能抓耗子的就是好猫。这种理论同样适用于高等院校的教育事业中，当学生成功处理难度较大的问题后，往往会期待对难度更大的问题进行探究；当学生在长时间内仍未找到问题的解决方案，就会失去信心，继而产生强烈的厌学现象。二是因材施教。我国著名的教育学家和思想学家孔子和韩愈曾主张对学生进行针对性教学，即因材施教。这种教学原理可以鉴别学生的综合素养，有计划、有目的地开展教学活动，继而提升大学的教学质量。老师在教学的过程中，不能以同一个标准要求个体差异较大的所有学生，要根据学生的能力和学习情况开展教学计划，这也成为我国现阶段高等院校教学改革的重点要求。三是以人为本。传统的教学模式多以"填鸭式"教学为主，过于突出老师的教学地位，忽视学生在教学中的主体作用。分层式动态教学模式正好可以弥补传统教学模式的不足，将主体地位交还给学生，教学开展的所有活动都将以学生为原点，会激活学生的主动性。老师在教学的过程中，应该以观察者的身份监督学生的学习状态，满足学生对教学的个性化需求；深度挖掘学生的学习潜能，对学生的三观形成进行正确的引导，以科学的手段提升学生学习大学英语的积极性，并锻炼学生的创造能力和思维能力。

二、大学英语在信息技术环境下的动态分层教学探究

（一）大学英语动态分层教学模式与信息技术融合的必要性

在信息技术构建的环境下，大学英语教学模式进行了不断地完善和突破，不再以老师的纯板书讲授为主，形成了新的教学模式。这种教学模式以信息技术为支撑，将枯燥、无味的教学知识能够以多样化的形式展现出来，如图片、文字、声音和录像等等。学生在学习大学英语的过程中，接收到知识点有机的教学形式，为学生创造一个良好的学习环境，增加语境的真实感，吸引学生的注意力，提升学生对大学英语的学习兴趣。信息技术和分层式教学模式的融合加入，丰富了大学英语听、说、读、写四个主要模块的教学资源，为老师的多样化教学提供了便利。例如老师在开展听力教学时，可供学习的听力材料有《大学生体验式英语教材》《新概念大学英语教材》《大学英语听说训练教材》等等，增加了老师的选择

难度。将分层式动态教学模式加入听力教学后，老师可以根据学生近期的听力成绩，在信息技术环境下推荐适合学习的听力教学。学生根据自己的学习兴趣选择适合的学习资源，最大化开发自身的听力潜能。另外，信息技术可以为老师提供一个管理学生学习情况的平台，方便根据学生的学习现状建立档案并更新，为后期开展评价奠定基础。

（二）教学内容的动态分层

老师需要"吃透"现有的大学英语教材，以教学大纲为辅助制定各个层面的教学目标，再将教材中的主要内容进行分层式动态教学。例如，当老师开展听力教学时，学校提供的教材为《大学英语听说训练》(第三版)。这本书中的听力训练内容安排比较科学，难度由浅到深。每个单元都由技巧练习、语言练习、口语练习和听力延伸训练四个模块组成，其中技巧练习涉及的内容较简单，包含两个模块，可以分别对学生的听力技巧和交际口语进行训练；语言练习需要学生对两个篇幅较短的文章进行理解，锻炼学生对知识点的掌控能力；口语练习是以上述文章的内容和日常交际用语为基础开展的；听力延伸训练是难度较大的课堂听力练习。老师在应用这个教材开展课堂听力训练时，需要以学生的学习能力为基础进行分层式动态教学，以成绩为参考标准将学生分为 A、B、C 三个层次，对于英语基础较差且学习能力较差的 A 组学生应该要求其完成技巧练习和语言练习，将口语练习作为延伸教学内容；对于英语基础一般且学习能力一般的 B 组学生应该要求其完成前三项练习，将口语练习作为延伸教学内容；对于英语基础较好且学习能力较强的 C 组同学应该要求其完成四项练习。长此以往，A 组同学积累的基础知识点越来越多，当其能够自主完成口语练习的相关训练内容时，即可升级为 B 组成员。而且老师在开展教学的过程中，还需要在信息技术环境下开展上述四部分教学活动，最大限度地激发学生的学习潜能，将复杂的语法知识采用多种多样的形式刻画在学生的头脑中。学生在阶段性学习的过程中，将会获得极大的满足感，再加上老师的正向引导和鼓励，提升学生学习大学英语的效果和能力。

（三）以学生为主体的动态分层

上文中已经举例对学生的动态分层进行说明，就是根据学生的能力水平和学习需求进行分层教学。但这种分层模式并不是一直不变,需要老师定期进行考核,不断调整各个教学层次中的人员。需要注意的是,由于大学生的荣辱心、攀比心较强,老师应该将这种层次编排尽可能的弱化,只作为自身教学时的参考标准,不要在班级中大肆宣扬。这不仅可以保障老师正常的开展教学,还可以对学生形成一种特殊的保护,防止大学生出现"破罐子破摔"的不理智学习行为。

(四)作业布置的动态分层

作业的完成情况是老师评判学生学习情况的重要参考标准,也是可以对学生学习到的知识点进行巩固和训练。因此,老师在开展分层式动态作业布置时需要利用信息技术中丰富的教学资源,提升老师的教学质量和教学效率。例如,在开展大学英语写作训练时,老师可以以"春天"为主体,根据学生的学习层次,以信息技术为写作环境,布置相应的写作训练内容。学生在完成写作后,发送邮件到老师的邮箱中,提升老师的批改效率。

(五)评价机制的动态分层

评价机制在大学英语教学中占有非常重要的位置,它既可以让学生在相互交流评价中改正自身的缺点,还可以为学生学习大学英语获取新的思路。通常分为两种评价形式:一是形成性评价机制,需要参考学生的课堂状态、出勤情况及作业分数等等,综合性较强;二是终结性评价机制,以学生的考试成绩为主。其中第一种评价机制常会开展在大学英语教学过程中。例如,在对学生的作文进行批改时,老师在信息技术环境下让同层次的学生进行无定向相互批改,并让学生根据评价建议完善作文,实现共同进步的理想化教学。

综上所述,想要大学英语能够取得理想的教学成绩,就必须以学生的实际情况和教学进程作为基础开展分层式动态教学,创新教学模式,再加上信息技术的辅助,提升大学英语与学生和老师的需求契合度。但这种分层式动态教学在开展隐性分层教学时不宜让学生知晓,以防学生出现自卑心理,弱化教学效果。

第二节　信息技术支撑下的大学英语课堂互动模式

信息技术的快速发展为现代课堂教育互动模式的变革和创新提供了机遇，顺应了教学改革的要求，符合科技全球化的形势下对人才全方面培养的需求。本节将重点探索在信息技术支撑下应如何提高大学英语课堂互动教学效果和学生的学习兴趣。

一、信息技术对大学英语课堂互动的作用

随着互联网及科学技术的发展，越来越多的大学英语课堂教学模式逐渐走进大学校园，这对于促进大学英语教学过程有着非常重要的作用。信息技术的发展带动我们进入了"信息时代"，这不仅改变了我们生活和学习的方式，同时还给教育领域带来很大的发展机遇。信息是我们时时刻刻都在接触的资源，而如何将这些资源合理地应用到大学英语课堂互动环节，这是个值得深入研究的问题。

信息技术能够打破传统的大学英语教学方式，极大地促进大学英语课堂互动环节的发展。由于学生自身性格以及授课教师授课方式的不合理，大学英语课堂互动环节往往被忽视了。而互动是个非常重要的、能够促进师生之间交流的环节，所以，应该重视信息技术在大学英语课堂互动环节的作用。信息技术支撑下的课堂互动能够利用文本、图像、视频以及动画等工具合理地结合起来，从而最大化地实现师生在课堂上的互动行为。尤其是网络信息技术的快速发展，促使教师和学生互动不再受到时间和空间的局限，可以随时随地沟通交流，为学生自主学习提供更多便利。新的交流互动模式也使学习内容更灵活、实用性更强，知识的趣味性和知识性相结合，大大提高了学生的学生兴趣，英语不再是一门应付考试的功课，而变成了学生交流和使用的一种语言，这使学生的学习态度大大改观。

二、信息技术支撑下的大学英语课堂互动模式

信息技术支撑下的大学英语课堂互动模式要充分利用先进技术，改变课堂教学模式，突破课堂教学的单一、死板，使课堂互动变得灵活，促进师生、生生之间的交流合作，主要从以下几个方面进行大学英语课堂互动模式的创新。

（1）教学方式灵活多变，突出个性化。通过运用先进的信息技术，可以方便学生根据自身的特点和认知规律进行自主学习，并可突出教学内容的个性化和多样化。利用多媒体的交互性，教师可以改变教学模式，制定好教学目标，将计算机作为教学工具，设计综合性较强的任务活动，让学生充分参与其中，给予学生分组学习和自主学习的机会，鼓励学生自主交流和师生交流，从语境、语义、环境模拟等方面提高英语水平。还可以利用计算机，进行人机交互练习，方便学生自主学习。学生根据自己的学习进度和知识掌握程度，完成学习目标，自己掌握学习进程，不受时间和空间的影响，方便自身查漏补缺。

（2）通过利用信息技术，达到大学英语课堂教学环境模拟的情境化，提高学习效率。情境教学是大学英语课堂互动常用的一种有效的教学模式，通过情景模拟和情景演练等，帮助学生理解抽象概念、提高口语表达能力和学习兴趣。多媒体信息技术可以通过模拟有趣的声音、提供生动的画面、展现动作和创造仿真声音等为情境教学提供方便，使教学情景更加真实，超越传统教学模式，使学生的记忆更加深刻，寓教于乐，从而达到良好的学习效果。

（3）丰富的网络教学资源使课堂互动教学能够突破时间和空间的界定，促使教学媒介的多样化。学生可以通过网络教室、多媒体互动平台以及自媒体平台等多种媒介，达到师生的互动交流。学生可以利用互联网查阅英语资料和文献、练习口语、提高阅读能力，还可以通过网上交流、影音资料、视听学习等与更多的英语学习者和爱好者进行交流和讨论，将英语学习当成乐趣。教师也可以利用自媒体等开设交流群和互动空间，打破学习的时间局限，使学生可以随时随地进行交流和学习；教师也可以随时给予学生指导，帮助学生解决难题，提高学习效果。

（4）考核方式和评价体系的人性化。信息技术的广泛应用，改变了传统的考

核模式，为教师对学生进行一对一考核提供了方便，同时教师可以对每个学生进行及时评价，帮助学生找出学习的不足，掌握学生学习进度和状态，及时帮助学生调整学习态度和方式，给予每个学生关怀。同时还可以实现学生之间、教师之间、师生之间网上互评，通过互联网大数据分析等，了解学生的局部和整体状态，使教学评价更加客观，也为英语课程教学改革提供依据。

信息技术支撑下的大学英语课堂互动模式对于提高大学英语课堂教学质量、唤醒学生听课热情具有十分重要的意义。对该过程进行研究不仅能够让人们能够更清楚地认识到信息技术对大学英语课堂互动环节的重要性，而且还能够为进一步完善该过程提供理论指导。

第三节　信息技术下的英语专业笔译教学模式研究

一、传统英语专业笔译教学存在的问题

总的来看，传统笔译教学主要存在以下突出问题：

认知误区。目前有些教师和学生对笔译教学仍存在一些认知上的不足。一方面，有些翻译教师认为语言能力的培养不属于翻译课的教学目标，翻译教师只负责翻译教学，不负责教学翻译（通过翻译学习语言）；另一方面，学生对翻译课存在不合理的预期，认为只要在课堂上学习一些翻译技巧，就能成为合格的翻译者。

课程设置不合理。整体上，笔译课程设置薄弱，课型单一，课时偏少。由于师资、课程认知、课程设置等诸方面原因，很多高校要么只开设一个学期的笔译课程，要么将笔译与口译或其他翻译课程混合起来教学。这就使笔译教学时间非常有限，学生缺乏足够有效的翻译实践训练来进一步提升其翻译理论和技巧，也不能对翻译课程有一个系统的认识。

教学模式单一。课程设置不合理进一步造成翻译教学的单一性，具体表现在

教材单一、教学方法单一和测试手段单一。在教材方面，笔译教材建设明显滞后，难以满足和适应当今社会对翻译的要求。在教学方法方面，大部分高校笔译课堂仍遵循传统的教学方法，即教师讲解—学生练习—教师批改—课堂讲评。教师往往指定一本出版物为教材，辅以自选材料或翻译练习。在测试手段上，无论是测试题型、考试内容，还是评分方式也都呈现出单一性，这也不能客观地考评出学生真实的翻译水平和能力。

教学互动不足。传统笔译课堂的社会界限明确，教师作为课堂的指挥者和操纵者，而学生只是被动的参与者和知识接受者。在这种角色模式中，作为学生学习活动的唯一评判者，教师自始至终占主导地位。学生间、师生间的互动通常是在练习完成之后，由教师讲评。这使学生之间很难进行适时交流和互相学习，教师也无法了解学生在表达过程中所遇到的困难，并提供适时帮助。

二、信息技术环境下英语专业笔译教学模式的构建

树立正确的教学目标。杨柳认为，信息素养应是作为信息化翻译教学的终极目标。所谓信息素养，包括运用现代信息技术来检索、分析、选择、加工、利用、创造和传递翻译信息，提高翻译能力，解决翻译实际问题，从而提高个人素养的能力。

PACTE 研究组成员 Allison Beeby 提出了在翻译教学中发展翻译能力的四个主要目标，即培养学生的转换能力、培养学生的语言对比能力、培养学生的语篇对比能力、培养学生的非语言能力。冯全功则认为，翻译能力是一个动态发展的概念，并提出职业能力的概念。他认为，职业翻译能力由历时翻译能力和共时翻译能力两部分组成，其中历时翻译能力是基础性组成部分，具体包括双语知识、文化知识、风格知识和认知能力；共时翻译能力是区别性组成部分，主要指在新的社会翻译环境中职业译者所需掌握的能力或必备的素养，如专业领域知识、职业知识、实用翻译理论（技巧）知识、翻译工具（软件）运用能力、信息检索能力、文献编辑能力、基本管理能力、自我评估能力、快速学习能力、团队合作精神、生理—心理承受能力等。Kiraly 认为，翻译能力是指一种"复杂、高度个体化、

社会化的进程，由文化、认知以及直觉相互作用形成"。因而，除了基本的翻译技能，信息化笔译教学应注重发展学生的学习能力和学习主体性，具体来说，应以培养学生运用现代信息技术检索、分析、选择、存储、利用、创造和传递翻译信息，解决翻译实际问题的能力作为教学目标。

师生互动、生生互动、人机互动的多维教学环境。杨柳曾指出，以现代信息技术为支持的多媒体教室、校园局域网或互联网等教学环境具有开放、虚拟和跨越时空的特征，可使丰富的教学资源立体生动地展现给学生，营造仿真社会情景，并将师生互动、生生互动延伸至课堂之外。

不同于传统翻译教学模式，信息化笔译教学模式的显著特征之一是营造了信息化教学环境，并强调学习群体性和交互性。信息技术的应用有利于形成交互的学习气氛，从而实现教师与学生、学生与学生，以及人机之间的信息交流。一方面，在信息技术支持下，教师可以充分发挥教具优势，可以直观生动地展示和讲解课堂内容；可以随时进行交流平台，关注学生的整个翻译过程，有目的地引导交流活动，并针对学生在翻译过程中遇到的问题和困难给予及时的帮助指导；可以随时调出学生的译文进行交流展示，使学生获得成功的体验，并激发其学习动机。另一方面，网络环境的自主、互动式学习氛围实现了学生间的互动，学生可以在网上进行交叉式和自由式的交流合作，如相互发送邮件、聊天、还可以在对方允许的条件下相互调看作业。由于每个学生的认知结构和认知水平不同，学生间的合作互动既能实现相互启发、相互补充，减少学习中的困难，又能增加人际情感交流，激励学习兴趣。可见，信息化笔译教学模式使学生在多媒体的帮助下成为一个或若干个翻译群体，从而有助于翻译知识和技巧的内化，既能有效激发学生学习翻译的兴趣和潜力，又能使学生更深刻地融入翻译实践中，并真正提升其翻译实践能力。

教学内容的转变。知名翻译学者 Douglas Robunson 形象地把当代译者比作电子人，强调今天的翻译无法脱离电脑及网络。因此，除了传统的教学内容，教师应使学生熟练掌握机器翻译软件和网站系统(计算机辅助翻译，CAT)。与传统的纸质翻译工具相比，翻译软件的自学、记忆功能，以及强大的语料库功能都是其不可比拟的优势。同时，双语平行语料库和检索工具也是翻译实践中的重要工作平台。它不仅为某一检索词或短语以及常用结构提供丰富多彩的双语对译样例，也提供了丰富的可随机提取的一本多译的对照参考。与传统教科书和工具书相比，平行语料库的语料内容广、语料新、语境丰富，而且检索功能强大，有助于揭示双语转换复杂而丰富的对应关系，从而丰富学生的语言表达能力，促进语言学习的内化。

因此，在翻译教学活动中，教师应鼓励学生利用机器翻译软件、机器翻译网站、双语平行语料库等工具进行自主学习，向学生介绍利用网络资源开展口、笔译前背景知识检索和语用实例，双语词汇收集工作，也可引导学生课下利用网络搜寻与学习内容相关的翻译材料，进行英汉互译，并组织相互交流与评价。这不仅能增强教学内容的丰富性和趣味性，还可达到提高教学效率和教学水平的目的，也为学生未来从事真正的翻译实践活动做好准备。

教学方式从以教师为中心转向以学生为中心。这种转变是翻译教学的发展趋势之一，而信息技术的发展则加速了这一趋势，从而逐渐构建"教师主导—学生主体"的新型教与学方式。在信息化笔译教学模式中，教师由知识的单向传授者和学生表现的唯一评判者变为学习过程的设计者、协作者、参与者和诊断者，其主导作用主要体现在分析教学需求、确定教学目标、创建教学情境、学生分组、课堂讲授、总结评析，从而有效激发学生的学习动机，进行自主、协作、探究式的学习。传统笔译课堂教学存在学习时间、学习空间、学习资源等诸多因素的限制，学生缺乏学习自主权。而基于计算机和多媒体网络的笔译教学却以信息资源库和虚拟化教学环境为依托，具有信息丰富、时空灵活、覆盖面广、信息可保存等显著特点。

因而，自主学习成为信息化笔译教学模式的重要组成部分。教师在利用现代信息化手段设计教学资源、任务和环境等教学要素时，更应注重培养学生的自主学习能力。自主学习具有学习内容的可选择性、学习方法的多元性、学习资源的丰富性等特点，它在调动学生的学习主动性以及挖掘和发挥学生潜能方面具有明显优势。但同时还需认识到，自主学习与课堂教学并不矛盾，它既是现代课堂学习的一种形式，又是课堂教学的必要补充。学生在自主学习中具有选择学习内容的自主权，但这并不意味着选择的随意性，学习内容应服务于学习目标的实现，要在老师的指导和建议下进行。这一新型教学模式对教师素质的要求也相应提高。教师不仅要具备较高的专业翻译知识和技能，还要精通信息技术的运用，更需要吸收现代教育的新理念。

教学测评。作为检验教学质量的重要途径，测试是教学过程的有机组成部分。传统笔译测试方法采用单一的汉译英、英译汉测试，无法真实、全面地反映整个教学过程和效果。这种翻译评价往往受到诸多译文以外因素的影响，如教师的主观判断、经验水平、态度、心情、疲劳程度及时间限制等。然而，以信息网络技术为依托的翻译测评则可在一定程度上消除翻译反馈主观性强的弊端。穆雷曾指出，科学的翻译测试特征之一是合理评分，尽量使用机辅评分系统。

除译文测评外，网络还可用于学习过程的评价，改变传统的单一终结性教学评价体系，促进形成性考核机制的建立和实施。形成性评价是依据学生课内外学习活动记录，包括自评、学生互评、教师评价和小组评价等。由于网络能提供各种智能化的评价方式，学生可随时检测自己的学习情况，教师也能更直观、系统地记录每个学生课内外翻译学习行为，包括自学、自测、译文发布、讨论、修改、学习进步和困难等，形成个人学习档案。可见，网络环境下的检测不仅能由学生自己掌握，从而有助于消除考试焦虑，而且网络检测的非人性化特征也避免了教师评价的主观性。

面对 21 世纪这个高度信息化的时代，笔译无论在翻译内容、翻译过程还是翻译方法上都不可避免地采用了信息科学和信息技术。信息技术环境下的笔译教学模式的构建不仅实现了现代教学所倡导的以学生为中心，提高学生自主学习能力的教学理念的转变，还为学生创造了更为自由的学习氛围和发展空间，同时也为教师的个性化教学提供了极大的支持。总的来说，在信息化笔译教学模式下，学生通过计算机网络和经多媒体技术处理的信息资源库，建立自己的学习平台，在教师的指导下完成学习任务，扩展知识结构。这一自主、互动的教学模式不仅能激发学生的学习主动性，也有利于培养他们主动获取信息和分析问题、解决问题的能力，从而培养出真正适应信息化社会的高层次、应用型、职业化笔译人才。

第四节　大学英语"多元互动"教学模式

在世界经济一体化的时代背景下，我国在贸易、经济和政治方面日益与国际接轨，目前，我国迫切需要具有高素质和高水准的综合性人才，将培养学生的外语运用能力成为高职院校的关键任务。教学大纲对英语课堂教学提出了新的要求，教师需将学生语言综合运用能力的培养作为首要教学目标。若要加强对学生英语应用能力的培养，教师需转变教学观念，从传统的"以教师为中心"转变为"以学生为中心"，将学生作为教学主体，构建起多元互动英语教学模式。

一、大学英语教学模式的"多元互动"性原则

（一）主体性原则

"多元互动"教学模式是师生之间建立的相互作用关系，在此教学模式之下，教学与学生均为课堂的主体，其中教师为课堂中教的主体，而学生则为学的主体。多元互动式教学模式将教师与学生并列为教学课堂的主体，在强调学生主体作用的同时也提到了教师的主导作用。教师作为教学实践中的一员，需最大化地发挥英语教学内的各项要素的作用，认识到学生个体化特征，充分培养学生的思维能力和创造能力。

（二）互动性原则

互动可分为显性互动和隐性互动，其中隐性互动又可细分为多种互动，在英语教学过程中，各种教学互动形式都是有所关联的。教学组织形式、教学方法、教学内容和教学手段在多元互动教学模式中融为一体，使抽象的英语教学思想转化为可操作的具体教学策略，使学生能够不断适应、感受、判断和实践自己的学习行为，最终实现英语教学课堂的多元互动模式。

（三）创新性原则

探究精神是引导学生进行思考和创新的前提，学生对知识进行探究时，才能逐步完成参与、思考、实践和启发的学习过程。在探究精神的引导下，学生的判断思维能力和创新思维能力将得以提高，促使学生在英语学习过程中不断超越自我，以取得更佳的英语综合运用能力。多元互动教学模式倡导学生进行创新，为提高大学英语课堂教育做出贡献。[1]

（四）多层性原则

多层性原则不单是局限于教师与学生之间，还表现在学生与教学信息、教学内容和教学结构方面。在多元互动教学模式中，学生的学习过程并不是单向的认知过程，而是一种学生、教师、设备之间的多向互动行为。多层性的多元互动教学模式以网络为基础，尊重学生的个体化发展，将根据因材施教原则满足不同知识层次的学生需求，使每个学生都能积极参与到多元互动教学模式中。

二、"多元互动"式教学模式的构建

（一）课堂教学模式为主

从国内目前的教育形式来看，课堂教育仍然是主流授课形式，因此，即使是在现代信息技术的冲击下，教师也不可忽视课堂教育的重要作用。但若要取得更高的英语教学效率，教师就必须充分利用好课堂教学，为学生建立起良好的学习交流场所，发挥互动式教学课堂的优势。在自身为主导作用的前提下，教师可借助现代信息技术设施进行针对性的任务布置，如在授课前在校内贴上发布与课程相关的内容，使学生能够通过自己的思考和实践完成教学内容，有利于提高学生的知识创新能力和独立思考能力，充分激发学生的主观能动性。教师要合理运用现代信息技术，开展小组讨论、集体谈话、案例讨论、角色扮演和自由谈话等教学活动，实现教师与学生、学生与知识、教师与知识等多方面的互动，多元互动教学模式的使用能够有效激发学生对英语的学习兴趣，锻炼学生的独立思考能

---

[1]　李艳，韩文静．孔子因材施教的教育思想简述[J].吉林教育学院学报，2008（4）.

力、问题解决能力和语言运用能力，让学生在教师的引导下成为课堂的主人。

（二）现代信息技术为辅

现代信息技术的使用在很大程度上丰富了英语课堂教学形式，并且激发了学生对英语的学习兴趣。交互功能的广泛使用让师生之间的沟通方式得以扩展，同时实现了同步和异步交流功能，加强了师生之间的信息控制，为英语教学课堂提供了多种学习情景，具有多元化、多样化和主动化的功能特点。学生在学校提供的学习平台下，运用现有场所、资源和设备，在自身认知基础之上实现个人英语知识体系的构建。在现代信息设备的帮助下，学生可自主开展学习任务，英语教学不再局限于传统意义上的课堂教学，而是在课堂教学的基础上不断加强，实现学生个性化学习。教师和学生在此教学模式下，不再局限于场所、时间和引导者，可通过网页留言、聊天软件、校内网站和网络论坛等方式进行自由化沟通。多元互动的教育模式充分激发了学生对学习的学习兴趣，为教师和学生提供了良好的教学平台，在很大程度上弥补了传统课堂教育的不足，为大学英语的教学提供了立体化的教学平台。

（三）课堂教学与现代信息技术相辅相成

英语教学的主要平台便是课堂教育，是实现英语知识传授的主要途径，在网络环境下，教师可采用针对性教育辅助课堂教学，通过第二教学课堂的开展实现英语教学活动的多元互动性。课外活动的开展可使学生对课堂所学知识进行巩固，为学生创造出可实践和运用的机会。此外，课外活动的氛围不同于教学课堂，相对轻松的环境能够让学生自由发挥自身的协作、交际和综合运用能力，在学生英语知识体系的构建上具有积极意义。教师可辅助成立英语学习小组，鼓励学生积极参与，定时举办英语辩论赛、英语写作评比和英语电影赏析活动，让学生能够拥有自由发挥的英语交际平台。通过多元互动教学模式的实施，引导学生自主学习英语，充分激发学生对英语的学习兴趣。外语教学的主要目标是学生的"学"，而非教师的"教"。教师在英语教学过程中需充分激发学生的主观能动性，引导学生最大化参与到英语课堂教学中。

在新兴技术发展背景下，传统英语教学课堂已经在教学空间、教学手段、教学时间、教学内容和教学方式方面发生了较大改变，原本冗长、单调的英语课堂教育在现代化教学设备的帮助下得以改善，强化了学生对英语知识的学习，促使学生参与到英语课堂教育中去，在很大程度上提高了英语教学的质量。

第五节 大学英语自主学习教学模式

教育部 2007 年制定的《大学英语课程教学要求》提出，各高等学校应充分利用现代信息技术，采用基于计算机和课堂的英语教学模式，改进以教师讲授为主的单一教学模式。新的教学模式应以现代信息技术，特别是网络技术为支撑，使英语的教与学可以在一定程度上不受时间和地点的限制，朝着个性化和自主学习的方向发展。同时指出，教学模式改革的目的之一是促进学生个性化学习方法的形成和学生自主学习能力的发展。随着我国高等教育的发展及大学英语教学改革的深入，各所高校根据非英语专业学生的实际情况，相应采用了不同的切合本校学生实际的科学、系统及个性化的大学英语教学模式，并在实践中不断探索和完善。

黑龙江科技学院在 2005 年进行本院大学英语教学改革之初，依据《大学英语课程教学要求》（2004 年试行），在本院教改指导思想中明确了要通过广泛采用多媒体和网络技术，促进教学模式的改革，并指明学生是学习的主体，在大学英语教学中要充分调动学生学习的主观能动性，注重培养学生自主学习的能力。在此指导思想下，从 2005 年 9 月开始，选取 2004 级和 2005 级非英语专业部分学生进行基于现代信息技术的大学英语自主学习教学模式改革实践，历经两年试点，取得了一定成效。从 2007 年 9 月开始，学院根据《大学英语课程教学要求》，在非英语专业学生的大学英语教学中，依托《大学体验英语》这一立体化教材，全面实行基于现代信息技术的大学英语自主学习教学模式，充分体现出《大学英语课程教学要求》提出的课程设计的个性化及教学模式的网络化。

一、大学英语自主学习教学模式的理论基础

基于现代信息技术的大学英语自主学习教学模式的理论基础是瑞士心理学家皮亚杰奠基的建构主义学习理论。该理论对基于现代信息技术的大学英语教学具有极大影响。在学习方法上，建构主义理论倡导教师指导下的以学习者为中心的学习，强调学习者的认知主体作用，同时不忽视教师的指导作用。该理论"强调以学生为中心，不仅要求学生由外部刺激的被动接受者和知识的灌输对象转变为信息加工的主体、知识意义的主动建构者；而且还要求教师要由知识的传授者、灌输者转变为学生主动建构意义的帮助者、促进者。这就意味着教师应当在教学过程中采用全新的教学模式、全新的教学方法和全新的教学设计思想"。以学生为中心的实质就是提倡自主学习，而基于现代信息技术的大学英语自主学习教学模式正是建构主义学习理论和自主学习策略相结合的充分体现。

王笃勤认为，课堂教学有其自身的局限性，大学英语教学"更多的是依靠学生课下自主学习的开展。学生的个性差别也要求学生根据自己的具体情况开展听、说、读、写、译的相应训练"。还指出，"自主学习能力的培养一般是采取策略培养的模式，自主学习能力的培养需由认知策略的培养和元认知策略的培养两部分组成，通过认知策略的培养，使学生了解并掌握各种学习策略技巧，如听的技巧、交际策略、阅读策略、写作技巧、翻译技巧和解题技巧；通过远认知策略的培养，使学生养成制订学习计划、选择学习方式、安排学习任务、监控学习过程、评估任务完成情况的习惯，从而一步步走向自主"。

基于现代信息技术的大学英语自主学习教学模式以网络为支撑，能够充分体现学习者的主体地位，以自主、自发、独立学习为主，是大学英语课堂的外延，也是课堂教学的必要补充。该教学模式在教学和学习过程中能有效地调动学习者的积极性、主动性和创造性，更加高效地实现大学英语的教学目标。

二、大学英语自主学习教学模式的构建

黑龙江科技学院实行的基于现代信息技术的大学英语自主学习教学模式是一

种课堂教学＋学生网络自学的模式，这种模式包括课堂教学、网络自学和课外活动。课堂教学中，教师充分发挥主导作用，利用课堂教学所用的教材，引导学生掌握听、说、读、写、译的基本知识和技能，体现学生的主体作用，使课堂成为学生展现自己语言才能的舞台。网络自学中，充分利用多媒体和网络技术，打破传统课堂在时间和空间上的局限，使英语教学和英语学习朝个性化、自主式、自我建构式学习方向发展，给学生创造自主学习环境，培养学生的自主学习能力。课外活动主要指与大学英语相关的课外素质教育活动，如英语角、各种英语技能比赛等，让学生在实践中检验自己的英语综合应用能力。

基于现代信息技术的大学英语自主学习教学模式的硬件基础是学校拥有计算机网络系统和计算机网络教室并配有专业计算机管理人员。学校在 2005 年 6 月引进了《大学体验英语》全新立体化系列教材的网络学习系统，并对教师和学生分别进行了课程管理和课程学习的培训，这为学生完成网络自学课程的学习奠定了基础。《大学体验英语》是高等教育出版社设计开发的立体式系列教程，倡导基于计算机／网络＋课堂教学的新型教学模式，充分注意了课堂教学与课外自主学习相结合，使课堂教学内容在课外得以延展。该系列教材中的大学英语学习系统、多媒体学习课件等为英语教学网络化及教学手段现代化提供了立体、互动的英语教学环境。多媒体课件提供了中外教师的双语课堂讲解、难点解析、跟读与交互训练，可供学生自主学习，网络自主学习系统可供学生学习、训练、测试，自动形成监测记录。

在实施基于现代信息技术的大学英语自主学习教学模式改革实践中，学院施行分层次教学，对二本和三本学生分别配置了不同的课堂教材，网络自学课程内容虽然相同，但网络自学级别分配设置了不同的要求。在学时分配上，课堂教学为每周每班四学时，网络自学每周每班两个学时。在学生课程成绩评定上，采取形成性评估和终结性评估相结合的方式，并将网络课程的成绩纳入形成性评估中。

三、基于现代信息技术的大学英语自主学习教学模式实践

黑龙江科技学院自 2007 级非英语专业学生开始，对大学英语课程的教学采用基于现代信息技术的大学英语自主学习教学模式，具体的教学流程如下：

课堂教学。传统课堂教学面授有其自身的优势和必要性，因此，学院重视课堂教学环节，推广实施以学生为中心的主题教学模式。无论二本及三本学生课堂教学所用的教材均为国家规划教材，课本每一单元的听、说、读、写、译各项技能的培养与训练都围绕同一交际主题展开。教师充分发挥主导作用，要求学生对每一单元的主题进行预习并借助图书馆及网络查找资料，在课堂上引导学生对相关话题按听、说、读、写、译分项技能进行研讨，给学生提供自我展示、畅谈主题、语篇分析、模拟练习及技能训练的机会，并及时对学生进行评价，答疑解惑，培养学生英语综合运用能力。

网络自学。大学体验英语学习系统设计人性化，使学生通过人机互动，达到有话想说、有话会说的目的，激发学生自主学习的兴趣，满足个性化学习的需要，培养提高学生的听说能力。学生的网络自学与课堂教学一样排入课表，在学生第一次进行网络课程学习之前，由任课教师在主控机内输入学生的个人信息和卡号，进而自动生成学生个性化密码，为进入学习系统做好准备。学生进入学习系统第一步是要进行基本能力初始测试，测试成绩达到及格标准，将自动越过 0 级学习课程进入一级学习课程，不合格将自动进入 0 级课程进行学习。课程分为 0~6 级，学生自主掌握学习进程，每学期基本能完成 1~1.5 个级别的学习内容，学习时间、进度和网络自学的成绩也由系统自动记录。

课外素质教育活动是学生进行课外自主学习的一种表现，每学期组织学生参加英语角或无线耳机听说及各种不同内容、不同形式的相关英语竞赛活动，由教师对学生的参与情况做出及时准确的评价和记录。

课程评价。学生的大学英语课程成绩由形成性评价和终结性评价组成。形成性评价和终结性评价分别占有的成绩比例根据每学期具体情况的不同来调整，现以黑龙江科技学院 2010—2011 学年第一学期的大学英语成绩评定方案为例：学

生的期末成绩由形成性评价成绩、终结性评价成绩和素质教育活动加分组成，采用百分制。形成性评价占50%，采用课内外考评相结合的形式。其中学生课内教学活动占20%，分别由出勤表现（5%）、口语表现（10%）、平时测试（5%）组成。学生课外教学活动占30%，分别由作业（5%）、网络自学（10%）、学期大作文（10%）、英语角（5%）组成。在形成性评价中，口语表现10分由学生个人日常口语表现4分＋团队口语表演6分组成；平时测试5分是各教研室根据不同教材分层次确定考核内容随堂进行，本学期进行2次；作业5分由各教研室根据不同教材、不同授课对象按听说读写分项进行，并要求教师全批并讲解；学期大作文10分，该作业在学期最后一次课前上交，课程结束前2~3周，老师根据每个单元的写作教学内容，向全班学生分组布置不同的题目，学生通过课外查阅资料，在课外完成；网络自学成绩10分，执行网络教学设计小组制订的考核方案，按学生的起始级别、学习进度及网络学习系统给出的听说综合成绩计分；英语角则根据学生参加英语角的表现加分。终结性评价占50%，对学生进行期末测试，分层次按教材出题，试题由主观题和客观题两部分构成，题型为听力、阅读和翻译。素质教育活动加分：由教研室根据本学期教学活动的层次和比例来确定。

几年来的基于现代信息技术的大学英语自主学习教学模式的实践表明，该模式具有教学效率高、信息输入量大、能实时评价等优势，实现了培养学生的英语综合应用能力，特别是听说能力以及增强学生自主学习能力，提高学生综合文化素养的大学英语教学目标，具有可行性和有效性。该模式将课堂教学和网络自主学习结合起来，教师在课堂上要激励学生、指导学习策略、检查学习效果、管理组织学生，网络学习系统则赋予学生学习自主权，实现个性化教学及个性化学习，培养学生多方位学习和终身学习的能力。从学生和教师的反馈看，无论学生和教师都认为这种模式调动了学生语言学习的兴趣，使学生自觉学习、自愿学习的主观能动性得到充分发挥，使大学英语教学多年来的哑巴英语现象逐渐改变，达到了语言学习的实用性目的。网络学习系统对学生的学习进行即时评价，学生很有成就感，激发了学习动力和进取心。从学生的学习成绩看，学生的口语成绩和课程成绩均有大幅提高，一次性及格率提高明显。在基于现代信息技术的大学英语自主学习教学模式操作中，需要注意的是该模式是将课堂教学和网络自学相结合，二者不能相互取代，而要优势互补。以学生为中心的自主学习也绝不是让学生完全自由活动，而是在教师指导下的自主学习课堂，教师要肩负的是指导、监控、评价的职责，需要不断更新教学理念，进行理论与技术培训，提高自身素质。

基于现代信息技术的大学英语自主学习教学模式还处于实践探索阶段，仍有许多问题需要探究，如教师如何对学生更好地进行自主学习策略指导，形成评估中网络自学成绩的合理比例，开发设计多教材多版本的网络学习系统，使学生能广泛选择适合自己的网络个性化自主学习等。随着教学改革实践的不断深入，基于现代信息技术的大学英语自主学习教学模式必将逐步得到完善，从而对更加高效地实现大学英语教学目标，优化英语教学，促进学生个性化学习方法的形成和学生自主学习能力的发展起到积极的推动作用。[1]

第六节　网络信息技术下大学英语阅读教学新模式

大学英语教学作为高等教育的一个有机组成部分，这对于培养学生全面发展，提高自身能力，适应国家社会发展和促进国际交流起着重要的作用。阅读是大学英语教学中的一个重要环节，然而传统的阅读教学已不能满足时代发展和学生自身需求。在网络信息技术日新月异的今天，如何进行积极创新，真正地激发学生学习英语的兴趣，提高学生的英语阅读及其他能力成了广大英语教师所关心的问题。

一、阅读教学的重要性及传统阅读教学的问题

在英语学习的四种基本技能（听、说、读、写）中，阅读占据着重要的地位。在语言习得的过程中，阅读和听力属于语言输入，会话和写作是属于语言输出。要想获得满意的语言输出就必须要有丰富优质的语言输入。大学英语阅读教学是

---

[1] 李艳，韩文静．孔子因材施教的教育思想简述 [J]．吉林教育学院学报，2008（4）．

大学英语教学当中的一个重要的组成部分。它有助于提高学生的听说、写作、翻译等能力，并有助于拓宽学生的知识面，了解中西文化的差异，提高学生的交往能力。因此，要想提高学生的听说和写作能力，就必须改善和提高阅读教学。

然而传统的大学英语阅读教学以教师讲授为主，教学内容单一，信息陈旧，教学方法一成不变——每堂课上老师都习惯从字词句开始带领学生进行语言、语法知识点和篇章结构的讲解和梳理——使学生上课缺乏主动性，没有使学生培养起自主学习的意识和良好的阅读习惯。

二、网络信息技术给大学英语阅读课带来的机遇和挑战

随着经济社会的飞速发展，现代科学技术已经取得了突飞猛进的进步。诞生于 20 世纪 50 年代的计算机网络系统对人类社会生活的方方面面和各行各业产生了深刻的影响并带来了诸多好处。其中对高等教育的渗透，给高等教育的发展带来机遇和挑战。

网络信息技术对高等教育的影响如下：

（1）网络信息技术为高等教育提供了新的教育手段和技术。（2）网络信息技术使教师的角色发生了转变——老师从文化知识的传授者和教育教学的管理者变成知识体系的建构者和人际关系的艺术家。（3）网络信息技术使高等教育的方式和方法发生了根本性的改变。它使传统的灌输式和被动式教育方式转变为兼有自主性和灵活性的方式，突破了时间和空间的限制。（4）网络信息技术使办学方式从单一的全日制教育向多层次、多形式、多规格的教育转变。（5）网络信息技术为学生提供了丰富和多元化的信息，能激发学生对现代科学的学习兴趣，帮助学生拓宽知识面，提高专业素质。（6）网络信息技术能培养学生的自我精神，发展学生的个性，使学生能自我完善和自我提高。

此外，网络信息技术还具有资源丰富、互动参与性强、传播路径多元化、传播模式多样化等特点。这些优势势必会对大学教育的课堂教学模式、教学手段、教学主体、教学资源等方面产生深远的影响。

三、大学英语阅读课的新教学模式探讨

（一）教学内容的转变

以往的大学英语教学，都围绕着学校所订阅教材进行。由于一些客观因素（如经费短缺、老师们不想重新备课等），使得一套教材使用多年，因其内容陈旧，与时代脱节，学生学起来如同嚼蜡，毫无兴趣可言。但新兴的网络信息技术手段在日常教学当中的介入，老师可根据教材单元话题，从互联网或其他移动媒体终端（如 China Daily 的手机双语报和微信当中的 China Daily App 等），有的放矢地寻找和整理契合学生英语水平的阅读材料，从而丰富课堂内容，提高学生的学习兴趣。

（二）教学方式的转变

传统的英语阅读教学只是过多地关注教师的课堂讲授，学生只需带着课本和耳朵来上课。教学内容的按部就班，使课堂教学失去了活力和吸引力，学生失去了兴趣和自主学习的能力。

伴随着网络信息技术的日新月异，新的教学方式和手段也不断涌现，其中最具有代表性的就是微课、翻转课堂和慕课。

微课，顾名思义就是微型课程，它是一种以互联网为基础，融合了传统的教学模式的新型教学模式。它以微型教学视频为主要载体，针对某个学科的知识点（如重点、难点、疑点、考点等）或教学环节（如学习活动、主题、实验、任务等）而设计开发的一种情景化，支持多种学习方式的在线视频课程资源。它有三种类型：Picture story(PPT 式微课)；Lecture record(实录式微课)以及 Screen capture(利用录屏软件和先进的演示文稿软件录制讲授讲解过程)（闫姿颖，2019）。由于课程时间较短、内容丰富、传播便捷、课程可反复观看，深受教师和学生的喜爱。

翻转课堂（Flipped Classroom）是一种颠覆了传统教学理念的新的教学模式。它采用"先学后教"的教学步骤，老师在课前采用录制小视频的方式，把教学的目标、重难点和相应的知识点等展现给学生，让学生在课前进行自主学习。在课上，老师组织学生进行讨论和交流来答疑解惑，帮助学生掌握知识。翻转课堂注重培养学生的学习主动性，有利于调动学生的学习积极性，它颠覆了教师在课堂当中的主体地位，让学生真正成为课堂的参与者和建设者，有利于实现师生之间的真正互动，达到良好的教学效果。

慕课 MOOC(Massive Open Online Course) 是一种免费向大众开放的网络课程。它是加拿大教育学家 George Siemens 和 Stephen Downes 在 2008 年秋季创造的。它具有规模大、无边界、开放性、成本低和易获取知识的特点，因而受到世界各地学习者的追捧。慕课于 2013 在中国出现了繁荣发展的局面，中国的许多知名大学，如北大、清华、复旦等都陆续开发并上线许多网络课程。慕课教学体现出个性化。课前，老师把课程内容和资源进行整合，对教学当中的基本知识点、基本技能、重难点进行合理的安排，抽取部分内容，制作成小视频，发布到网上，让学生在课前能进行熟悉和了解，从而为课上的进一步讨论做准备。在课堂教学中，老师变成了课堂的组织者和引导者和学生思想的启发者。（杨娟，徐琳，2018）。

（三）教学主体的改变

老师不再是学生获取知识的唯一来源，也不再是课堂教学的主导者。采用微课、翻转课堂或慕课的教学方式，势必会削弱教师以往的主体地位，激发学生在课前就融入教学中，发挥自己的主观能动性，进行积极的学习。老师则变成了课堂教学中的引导者和辅助者。[1]

（四）教学评价方式的转变

网络信息技术对教学的融入使老师可采用多种方式来评价学生，能够获得对学生英语能力的较为全面的认识。老师可在课前的自主学习、课上的讨论、课后的知识巩固和拓展活动中对学生进行评价，评价不再局限于一张试卷成绩，评价可以是多样的、动态的，不受时间和空间限制。

网络信息技术的飞速发展给大学英语阅读课注入了活力。新型教学方式的涌现（如微课、翻转课堂和慕课等），给大学英语课带来了生机。大学英语教师们

---

[1] 秦秀白，张凤春 . 综合教程 3(学生用书)[M]. 上海：上海外语教育出版社，2014.

应转变观念，勇于接受科技发展给教育带来的机遇和挑战，结合学生特点采用不同的教学方式来帮助学生真正地提高英语阅读能力及英语水平。

第七节　大学英语视听说混合学习模式

美国作为信息技术和教育发达国家，早在 2001 年中小学网络化的普及程度就达到了 99%，在这方面的研究相当丰富，美国教育部门已在各级学校进行和实践多种新型的教学模式，如基于问题的学习模式、基于项目的学习模式、基于资源的学习等，很多学者如 Roblyer、Graig Barnum 和 William Paarmann 等提出并研究具体的整合教学模式和效果，为语言教学提供了很好的参考。在国内，蒋学清、张红玲等提出了整合信息技术的外语教学的基本模型。因此，通过留学发达国家研究和学习此方向最先进的理论和实践知识，无疑是非常有意义的。

一、影响大学英语听说教学效果的因素

缺乏真实的英语学习和使用环境。大多中国学生可以看懂句式复杂的文章，写出结构完整的短文，在题型多样的听力理解考试中也可以取得很好的成绩，但在日常生活中与英语母语者交流却遇到阻力，甚至连诸如询价、指路等最基本的日常生活用语都无法清楚地表达。究其原因，课堂中所营造出的模拟语言环境，是教师根据教学大纲及教学内容，有目的地加工、提炼而成。由于时间、课型及人数等因素限制，课堂中无法将日常生活中所遇到的每个真实语境完整地呈现。多数学生除了在有限的课堂学习外，很少在日常生活中接触和使用英语。多媒体网络课堂及语言实验室虽然在一定程度上带给学习者真实的语言环境，因受到时间及地点的限制，无法提供及时 (just-in-time) 学习的环境。

评价体系需要多元化：

评价主体的多元化。根据建构主义理念，学生不是外部刺激的被动接受者而应该是知识意义的主动建构者；教师不是知识的灌输者而应该是学生主动建构知

识意义的帮助者。学生应自我监督、自我测试、自我反思以检查、了解自己建构新知识的过程及成效，从而随时改进学习策略，达到最终的学习目标。

评价方式的多元化。传统的大学英语评价方式缺少主观性和灵活性，过度重视以标准化试题为主的结果评定，这使学生过于注重基础知识为主的考试成绩而忽视学生实际运用语言的能力，不能很好地调动学生参与评价的积极性，也不利于学生的个性发展。

评价标准的多元化。由于听说能力固有的特殊属性，在实际评价中很难定量评价。在听说教学中，只针对学生所获得的知识、技能、能力等方面的评价标准已无法照顾到学生的个体差异，也无法帮助学生充分挖掘和展示其个人潜能。

学生缺乏参与度及自主能力。信息技术环境为自主学习提供了自然环境，增强了学生的学习动机。但是，过量的学习资源可能对那些缺乏自我调控的学习者来说并不是一件有益的事情。网络学习环境的特征往往使学习者迷航 (Begoray，1990)。成功的网络自主学习需要自我调控和元认知能力。在以教师为中心的大学英语听说教学课堂中，教师和学生都缺乏自主性，不利于自主学习的发展。

二、在信息技术环境下建构大学英语听说课程混合式教学

利用"理工在线英语"网络平台及资源，能够为学生提供及时学习的空间。

本校"理工在线英语"网络学习和管理平台的建设与使用，将课内课外打通，在最大限度地降低模拟环境负面影响的同时，也为学生提供随时随地学习的环境。学习者处于不同情境中产生学习的需求时，则通过无线通信技术与"理工在线英语"网络相连来查询相关的信息。这种以网络为平台的情境学习 (Situated Learning) 和学习共同体 (Learning Community) 的创建，使语言学习不再是一门孤立的课程，而真正成为一种社会活动。

利用英语实验口语网络平台，实现课堂。我校结合本校大学英语教学实际情况，通过利用口语实验网络平台，实现将传统的口语课堂活动和创新性的"网络语言实验"活动相结合，设立了大学英语口语实验课程。笔者曾有幸参与该课程的教学任务。

该课程课上以学生熟悉的实验模式进行分组教学，课下要求学生以真实语境为前提进行口语训练，并录制即时音、视频上传到网络平台。在教学中，特别注重学生学习过程与成果的收集，保存与及时反馈，有效记录学生实验活动，做到听说两种技能有机结合。

考虑到学生的智能差异的全面发展的需要，该课程的评价内容不仅注重学生所掌握基础知识，而且包括对学生综合能力和素质的评价，即学生英语学习态度、学习策略、习惯、自主能力等。此外，在评价环节加大了学生参与度，实施师评、自评和互评三方结合的模式。这样做，一是使评价更加客观具体，二是使学生实现横纵对比。所谓横向对比，即学生通过自评对进步和提高程度内省；所谓纵向对比，是通过互评，了解其他学生的情况。所有的任务和评价内容，音、视频，文字都有记录，在任何时间都可被调取比较，方便教师和学生掌握进步情况，进行评价。通过教师评价与学生自评和互评，了解学生的语言掌握情况、学习进程、完成学习任务的情况以及存在的问题，发挥学生学习的主动性，培养学生自主学习的能力，提高教师教学管理水平。

研发可输入性个人词典，增加学生可参与度。现有网络词典均为软件公司统一定制、编写的。为满足学生个性化英语学习的需求，笔者所在课题组设计并研发了一款可输入性开放式个人词典。词典使用者可以根据自己的英语学习及教学的历程自主创建、编辑或组织词条，修改对单个单词的注释，也可以加入备注、检索、链接以及网络共享。可以让学生充分发挥创造力，从被动的知识接受者成为主动的知识创造者，从而增加学生的参与度及自主能力。

合理利用信息技术辅助大学英语听说教学既符合语言习得规律，又顺应时代发展潮流，并能有效地提高学生英语听说的兴趣和效率。同时也应该意识到只有在教师的精心准备和选择下，与教师的课堂教学合理有效结合，网络资源才能更好地服务于大学英语听说教学。

第六章　信息技术与大学英语教学应用

第一节　信息技术在大学英语听说教学中的应用

我国教育部颁布的《大学英语课程教学要求》对大学英语教学目标有了明确的界定，其中要求大学英语教学的最终目标是培养大学生的英语综合应用能力，尤其是学生的听说能力，保证了学生能够在学习英语知识之后，在今后的生活、学习、工作及社会交往中能够熟练用英语与人沟通和交流，培养学生的自主学习能力，提高其自身的综合素质。

《大学英语课程教学要求》还提倡我国各大院校要充分利用现代信息技术，不断的改进教师单一的讲授模式，运用大学生感兴趣的多媒体辅助教学技术进行教育教学工作。《大学英语课程教学要求》还重点强调了在英语学习中听说能力的重要性。大学英语教师要及时调整教学方法，不断推进英语教学改革进程，共同促进英语教学的多元化发展。

一、大学英语听说教学现状

传统意义上的大学英语听说课程基本上都被英语听力所取代，说英语这一环节都被教师忽略了，再加上非英语专业的学生自身的英语基础不足，教师如果给学生一个话题，让其围绕这一话题进行讨论，很多英语基础差的学生会因为自身的知识储备有限而不敢开口。而英语教师每天需要接触和教导的学生非常多，基本上没有多余的时间和精力专门引导每个学生，只能是统一引导，在有限的课堂时间中能向学生传授英语知识。正是这种教学方式使英语教学逐渐变成了以对答案、传授教材知识点、记单词为主的单一教学模式。在传统的大学英语听说课堂上，英语教师一般都是以自我教学为中心，向学生展示教学知识、传授教学知识，学生自主学习的机会非常少，在实际的教育教学过程中，运用现代化计算机网络辅助教学的机会也非常少，导致大学英语听说资源受到限制，学生的学习积极性也得不到根本性的提升，这也是导致学生英语综合能力始终没有得到明显提升的主要原因。

二、导致大学英语听说教学问题的主要原因

导致大学英语听说教学问题的原因有很多，主要体现在以下几个方面：

第一，部分大学英语教师还只是遵循传统的英语教学理念，很多大学英语的教学配置没有进行优化升级，英语听说课程的教材始终跟不上英语教学的发展。还有的英语听说课程本身在设置方面就存在不合理性。

第二，大学英语教师在听说课堂上还是占据着中心位置，学生还只能被动地学习英语知识，这种教学方式不利于学生综合能力的提升，还会影响英语听说教学的整体效率。

第三，传统的大学英语听说教材会把关注点放在听说上，并没有引入视图这一概念，平面教材与视图教材给学生带来的感官体验是不同的，学生更愿意接受新鲜事物，所以传统的教材并没有刺激学生的感官，这样就很难调动学生的学习积极性。

第四，有的高校会将大学英语听说课程设置为一周或者两周一次，这种教学设置强调的是英语精读内容，缺少英语听说内容，很不利于学生英语综合能力的提升。

三、现代信息技术在大学英语听说课堂中的具体应用

转变教学观念，掌握现代信息技术知识。为提升大学英语课堂的教学质量和效果，要使计算机网络技术与英语课堂进行有机整合，在整合之前，要引导教师

更新自己的教学理念。传统的教学模式已经适应不了当前的教学工作，应在思想上明确自己，学生才是教学课堂的中心，所有的教学模式、教学方法都是以学生的实际情况为前提，教师是学生的引导者。只有这样，英语教师才会将更多的课堂时间交还给学生，培养学生听、说、读、写等多方面的自主学习能力。在英语知识储备方面，英语教师要顺应社会的发展，重点掌握现代信息技术知识。只有英语教师在思想及英语知识储备上与时俱进，才能真正培养大学生的自主学习能力，进一步推动现代信息技术在大学英语听说课程中的有效运用。

合理运用现代信息技术设备。在大学英语教学中，尤其是英语听说教学中，应配备专业的现代化教育设备，要求校园内覆盖互联网，英语教师可以利用现代化网络教学设备为大学英语听说课堂教学提供更为丰富的教学资源，通过这些教学资源引导学生用英语表达自己的情感和态度。除此之外，还可以在英语听说课堂上让学生多接触一些高质量的网络资源，这样不仅可以拓宽学生的视野，还能在一定程度上调动学生自主学习英语的积极性，这对提升学生的英语听说能力也是非常有帮助的。

不断完善大学英语听说教材。传统的大学英语听说知识都是从英语听说教材中得来的，英语教师也是以英语教材为基础传授英语知识，这一阶段的听说教材内容相对比较单一，再加上教材本身的设计及排版都沿袭着传统的设计排版模式，使得教材对学生来说并没有什么吸引力。随着近几年我国教育教学的不断发展，新课程改革不断推进，我国部分高校对大学英语听说教材进行了优化和升级，增加了英语听说教材的可视性。除此之外，还将多媒体辅助教学技术引入大学英语教学中，使学生对英语这门课程的兴趣有了大幅度的提高。多媒体辅助教学设备可使大学生从多个角度理解英语教师传授的英语知识点。相对于传统的英语教育来说，现代信息技术的应用有效提升了学生的英语综合能力，还促进了英语教学整体教学质量的提升。

现代信息技术对解决传统大学英语听说教学中的问题，对大学英语听说教学发展具有重要的推动作用。但是在实际的大学英语听说教学过程中，我们更需要有专门的指导教师对其进行引导，现代信息技术与英语听说课堂的整合只是众多教学模式中的一种，这一教学模式对大学英语教师提出了非常高的要求，要求英语教师要不断转变自身观念，提升自身的英语知识储备，才能在提高大学英语课堂效率的同时，促进大学英语教学改革。[1]

第二节　信息技术在当代大学英语教学中的应用

一、教育信息化环境下的大学英语教学的优势

（一）学习资源更加丰富

大学英语信息化教学模式相比于传统的教学模式有了本质上的区别，一方面，信息化大学英语教学的教学方式打破了传统教学模式对空间和时间的制约，其教学方式更具有灵活性，能够满足学生的多元化需求。利用教育信息化，学生可以在互联网中获取到更多的学习资源，并根据自身的学习水平和学习进度，针对性的制订学习方案，从而开展自主学习。另一方面，在大学英语信息化教学中，通过重视学生的主体地位，学生的自主性得到了满足，其有利于激发学生的学习积极性，培养学生的多元思维和创新能力，对于促进学生综合素质的全面发展具有重要的意义，这与目前教育界所提倡的素质教育的新理念具有本质上的联系。在这种教学模式下，学生的自主性得到了满足，可以针对自身的学习水平和学习能力，选择最恰当的学习模式，其学习结果将会产生很大的不同。

（二）学习模式趋向自由化

受到多种主观或客观因素的影响，传统的大学英语教学模式，其教学进度和教学模式是以学生整体为标准的，很难照顾到每个学生的学习需求。学生的学习基础和学习能力差异较大，许多学生难以紧跟学习进度，大学英语作为一个重视积累的语言类学科，对于课程进度的要求较高，学生的进度落后，很容易追赶不

---

[1]　秦秀白，张凤春．综合教程 3(学生用书)[M]．上海：上海外语教育出版社，2014．

上教学进度，其学习水平越来越低，不禁打击了学生的学习信心，还会使学生对大学英语产生畏难心理，甚至产生抵触情绪，不利于大学英语教学的开展。信息化大学英语教学模式，在一定程度上克服了传统教学模式的种种弊端，在这种教学模式下，使得每个学生都拥有了自己的"小食堂"。更能够彰显出学生的个性化特点，这也就为学生的自主学习提供了重要的基础。教师和学生都可以根据实际情况和自身需求，来选择合适的教学材料和教学模式。

（三）促使学生进行英语交流

英语是一门具有人文精神的语言类学科，大学英语的学习与英语交互有着密不可分的联系。而在传统的教学模式下，其往往更加注重培养学生的理论知识，教学内容和环节往往是由教师预先设计好的，学生很少有机会表达内心的想法，学生之间也很少有利用英语进行交流。很多应用语言学家认为，即使进行了充足的语言输入，也并不一定会得到应有的效果。也就是学生普遍具有充足的解题能力，却很难通过英语进行交流，难以体现出大学英语课程设立的核心目的。在大学英语信息化教学的背景下，教师可以通过互联网与学生进行交流，为学生答疑解惑、批改作业，而学生也可以将学习过程中出现的问题与教师或同学进行交流，从而达到获取知识、提升学习水平的目的。

（四）提高学生自主学习和合作学习的能力

自主学习是指学生在遵循个人需求和个人意愿的基础上，通过发挥出自身的学习能力和学习基础，利用多种学习方法开展的自主性学习方法。自主学习能够有效地达到培养学生思维和能力的目的，从而对学生自身的未来发展起到重要的推动作用。除此之外，学习是需要通过交流和合作来进行的，缺乏交流合作的学习质量很难得到提升。

传统教学模式下，更加重视教师的主体地位，往往是由教师讲解理论知识，学生则机械性地学习知识。而在信息化教学模式中，特别强调学生的主体地位，颠覆了传统的大学英语教学观念，在这种教学模式下，师生关系及定位都发生了很大的转变，主要包括以下几个方面：

学生对教学中的主体地位有了一个新的认识，明确自身才是教学的关键所在。因此，在这种教学模式下，学生能够更加自主地与教师和同学沟通，使大学英语更具有生机和活力，提升学生的学习效果。而在教育信息化支撑的教学环境中，学生可以更自由、开放地进行学习，发挥出个人的学习潜能，并培养学生的思维和能力，对学生综合素质的全面发展具有重要的意义。

在信息化教学的背景下，学生需要根据自身的实际情况，选择合理的教学模式和恰当的教学内容，并针对性的制订学习计划。长期进行信息化教学，这可以让学生逐渐摆脱对教师的依赖性，对培养学生的独立自主精神具有重要的作用。

（五）增强大学英语教师的教学业务素质

虽然教育信息化给大学英语教学带来了诸多优势，但是对于教师的教学水平，也提出了新的要求。在信息化大学英语教学的背景下，教师不仅要具有过硬的教学能力，还需要具备扎实的教育信息化知识，能够进行互联网教学资源的整理工作。对于专业能力的需求相比传统教学模式更高，只有具备了扎实的教学功底，才能够游刃有余地在教学中应用教育信息化，开展大学英语信息化教学。从另一个角度而言，这种教学模式不仅为英语教师带来了挑战，同时也带来了更大的机遇。

（六）促进教学评估手段的改革

大学英语教学质量评估，能够直观地反馈出在一段时间内，大学英语教学效果和学生英语学习的水平，针对质量评估结果，教师还可以对教学工作进行反思和解决，从而有效地提升大学英语的教学质量。目前，许多学校抛弃了传统的单纯以考试成绩为教学质量评估手段，这与大学英语教学课程体系设立的目标具有本质上的关联，但是在评估系统中未必受到认可。在信息化大学英语教学的背景下，教师要通过调研和实验，得出新的教学质量评估手段，并通过互联网对学生的学习现状和进度进行检查和分析，从而获得更准确的教学质量评估方式。

二、教育信息化探究教学模式

大学英语探究式学习主要是依靠互联网中丰富的信息资源和多元化的训练模

式，来培养学生的探究能力和自主学习能力。在大学英语信息化的背景下，学生可以充分地利用英语信息库、大学英语教育平台等来进行自主学习，同时，还能够帮助学生进行量化学习，对提升学生的学习水平具有重要的意义。

大学英语探究式学习可以分为两种类型，第一种是短期教育信息化探究模式，也就是指利用一个或几个课时，进行信息化的日常教学。这种模式更强调获取知识，可以培养学生的英语学习基础。另一种是长期教育信息化探究模式，也就是指通过几周、几个月甚至几个学习的方式，以小组合作课题研究为主要方式，开展长期的知识训练和拓展。这种教学模式能够为学生构建牢固的知识体系，是学生英语学习水平提高的必经之路。

这两种探究式学习模式都具有各自的用途，但也都存在着不足。在实际教学中，要注重取长补短，发挥出每种学习模式的优势，并规避所存在的不足，而如何选择还需要针对学生的个体情况和教学条件进行分析。

学生个体情况分析。受到多种主观或客观因素的影响，学生的学习情况会具有较大的差异性。教学模式的选择，要结合学生的学习能力、学习进度、学习水平等多种因素，必须要与学生的认知规律有本质上的联系。总体而言，英语学习水平较低的学生，也体现出其对语言的习得能力较差，会完全地按照教师讲解的步骤和内容进行学习，这部分学生对于教师的依赖性较高，采取传统的教学模式，才能够满足学生的学习需求，而对于学习程度较高的学生而言，完全可以按照自身的学习水平和需求进行学习。

教学目标及过程。根据实际情况的不同，可以针对性地开展教学活动。如果教学内容的复杂程度较低，大多为基础性的知识，则可以通过传统的教学模式进行，而教师则需要在教学中起到主导作用，制订教学规划和各个教学环节，并计划安排并进行检查的规定，比如听写、默写和机械背诵等。相反，如果所要进行的学习活动具有较高的认知复杂性，那么就要选择思辨灵活的教学模式，也就是更加重视学生的主体地位，通过发挥学生的主动意识，进行交互和探索，让学生进行更自由、更个性化的教学模式，这种教学模式可以有效地培养学生的思维和能力，对学生的未来发展起到重要的推动作用。教学模式的选择与教学目标的具体要求有着紧密的联系，如果所讲解的知识点是基础性知识，可以先采取传统的教学模式，并逐渐融入信息化教学，起到循序渐进的作用。而如果教学内容人文性较强，重点是让学生了解到其中包含的文化内涵，就需要通过学生之间进行情景交互的方式，体现出英语教学的人文性特点。

三、大学英语信息化教学的课堂设计

本研究主要针对非英语专业大一学生进行。

教学目的：改革传统的大学英语教学模式。重视学生的个性化和多元化需求，在教学中以学生为主体地位，通过构建融洽的教学环境，来活跃课堂氛围，激发学生的学习积极性。

教学对象：英语专业或非英语专业大一、大二学生。英语专业或非英语专业大三、大四学习 ESP 的学生。

教学方法：采取多元化的方式对学生进行教学，主要有情景模拟教学法、英语课外活动、英语信息化交流、英语学习档案、信息化英语学习座谈会、问卷调查等。

课程安排：

（1）学期开始的第一节课给学生介绍本学期的课程安排，明确学习任务。

（2）教材：新视野大学英语读写教程 1 和视听说教程 1。

（3）学时安排：每周 2 课时读写 +2 课时听说 +2 课时课外自主学习。

（4）期末总评：70% 的期末试卷成绩 +30% 的平时成绩。

（5）平时成绩：采用形成性评价。可以采用 7 种方法定期组织评价活动，每个成绩 100 分，取平均分为平时成绩。即 Performance(课堂表现)，Presentation(演示表演)，读写教程 Section B 部分的自学检测，阶段测试，作文，口语 (集体讨论、小组对话、角色扮演等)，考勤。可见平时成绩主要是对学生课下自主学习成果的检测。下面主要介绍一下 Performance 和 Section B 的自主学习。Performance 成绩是根据学生主动参与课堂活动的次数和水平给出的。一次 10 分。内容是回答与读写教程和视听说教程每个单元 Topic 相关的一些开放性问题。

学生需要利用互联网等，在课前对要讲的知识进行预习，分析教师可能提出的问题并寻求答案。在课堂上，教师提出问题，学生需要主动进行解答，并将自己学习的收获与其他学生进行分享。这种行为记入平时成绩的范围之中，能够有效地激发学生主动参与的意愿，在这种教学模式下，学生的个性得到了满足，还能够有效地激发学生的学习积极性，同时也提升了学生的英语交际水平。

在这个过程中，教师要特别注重维护学生的尊严，在学生发言的过程中，不能出言打断，为了不打击学生说英语的积极性，教师要更加注重进行积极的评价，对于学生所说的错误的部分，可以通过调换更合适的词汇的方式进行解决，从而保护学生的发言积极性。教师讲解完读写教程每个单元 section A 部分后，学生在新视野课程软件上自主学习 section B，通过多媒体与教育信息化系统将已学英语知识与新的语言知识结合起来学习。在课堂上教师主要以测验的方式来检验学生自主学习效果，进而巩固和补充应掌握的知识。

在测试模式的选择上，要具备多元化的特点，既要考查学生对词汇、短语、句子、阅读等的基础能力，又要考查学生的英语写作、翻译、英语交际等综合性能力，能够起到更全面的检验效果。

教学效果：基于信息化技术的大学英语教学模式，相比传统模式具有更优秀的教学效果，不仅能够有效地提升学生英语学习水平，还能够促进学生综合素质的全面发展，具有意想不到的促进和影响。自主学习和课堂教学相结合的教学模式下的许多教学内容，都需要学生和教师进行深入的交流和合作才能够完成，而在合作的过程中，学生的语言交流和交际能力也得到了锻炼，了解自己在语言学习过程中的实际所达到的实际水平，并针对性地分析出自身在大学英语学习中仍然存在的问题和不足，并针对性地进行解决，学习他人优秀的学习方法，不仅能够促进学生自身能力的提升，还能够培养学生的英语交际能力，以此实现大学英语课程设立的最核心思想。教师作为语言学习的管理者又把这些活动，按照一定的比例与学生的考核成绩结合起来，从而让学生在平时的教学和准备中就具有高度的积极性，提升学生的学习效果，并培养学生的集体荣誉感。

在这种教学模式中，学习变成了学生的自主行为，是学生在自身传统的知识框架上，通过学习和发展而获得的再次构建，在这个过程中，学生可以获取更多的知识，有效地提升了学生的学习水平。除此之外，在这种教学模式下，学生不仅能够通过课堂教学获取知识，还能够通过互联网等获取知识。而课堂教学的主要作用已经不仅仅局限于教学工作，而是对学生学习能力进行检验的最好场所。

大学英语信息化教学模式是一种新的尝试，是根据我国英语教学的资源、条件和环境所选择出的，相比传统教学模式具有更大优势的教学方法。信息化教学能够有效地解决传统教学模式中存在的弊端，对于提升学生的英语学习水平，促进学生综合素质的全面发展具有重要的意义。同时，经过实验也可以证明，这种模式对促进大学大学英语教学是具有重要意义的。在这种教学模式下，学生无论是学习水平还是综合素质都有了极大的提升，将这种教学方法合理地应用到大学英语教学中，能够有效地提升大学英语教学水平，培养合作精神。就目前而言，能够广泛应用在大学英语教学的信息化教学方法，主要有慕课教育、微课教育、SPOC教育等，每种不同的教学模式能够起到不同的效果，可供教师根据教学的实际情况进行选择，满足了学生多元化的学习需求。

第三节　大学英语翻转课堂中的信息技术应用

近年来，随着大学英语教学改革的逐步推进和翻转课堂的兴起，关于大学英语翻转课堂的研究也开始引起了人们的广泛关注。大学英语翻转课堂既是信息技术迅速发展、教育信息化水平不断提高、信息化学习环境日臻完善的社会背景对变革传统大学英语教学模式提出的时代要求，又是信息技术与大学英语教学深度融合，进而推动其教学结构变革的必然结果。由于翻转课堂在教学实践中表现出对传统教学流程进行"翻转"的显著特点，其在国内更多的是被作为一种新型的教学模式而加以理解的，所以人们更多地从模式创新与构建的角度对大学英语翻转课堂进行讨论，却忽视了对指导大学英语翻转课堂实践的具体策略研究。因此，本节在阐释翻转课堂含义、分析翻转课堂与信息技术应用之间的关系基础上，尝试探讨大学英语翻转课堂中信息技术应用的具体策略，以期为大学英语翻转课堂实践带来启示。

一、翻转课堂及其内涵

"翻转课堂"一词对我国教育界来说是舶来品，译自英文 Flipped Classroom 或 Inverted Classroom。国内外学者大多从教学流程的角度来定义翻转课堂，认为翻转课堂是任课教师基于授课内容的重点、难点，创建相关教学视频；学生利用课下时间预先通过观看教学视频自主学习新的课程，并自主完成在线测试，实现对新知识的吸收，进而带着在学习过程中的疑问去课堂上参与师生、生生之间的互动交流、合作、共享与讨论，实现其对新知识的完全理解和熟练掌握，从而完成学习的过程。它主要以建构主义和掌握学习理论为指导，以现代信息技术为依托，从教学设计到教学视频的录制、网络自学、协作学习、个性化指导、教学评价等诸方面对传统教学进行颠覆。由此可以看出，翻转课堂是针对传统课堂的翻转，是对传统教学中"知识传递"与"知识内化"两个过程的翻转，具体到教学流程便是由"先教后学"到"先学后教"的翻转，而其中对教学视频、在线测试以及合作、交流的强调，无不彰显着信息技术应用之于翻转课堂的重要性。

二、信息技术与大学英语翻转课堂

（一）大学英语翻转课堂是信息技术与英语教学深度融合的结果

随着信息技术的发展与信息技术在大学英语教学中所发挥功能的变化，信息技术在大学英语教学中的角色定位或者说信息技术与大学英语学科的关系，先后历经了信息技术辅助大学英语教学 (简称"辅助"阶段)、信息技术与大学英语课程的整合 (简称"整合"阶段)、信息技术与大学英语教学的深度融合 (简称"深度融合"阶段) 三个阶段。在"辅助"阶段，信息技术在大学英语教学中发挥的主要作用是通过提供软硬件资源辅助教学，来实现大学英语课堂教学的多媒体化。"整合"阶段强调信息技术以工具的形式与大学英语课程融为一体，将信息技术整合到大学英语教学的各个环节，使之成为教师的教学工具、学生的认知工具、重要的教材形态、主要的教学媒体。"深度融合阶段"旨在通过信息技术的应用形成以自主、探究、合作为特征的新型教与学的方式，进而变革传统大学英语教学结构。以强调对传统大学英语教学范式的翻转为直接特征的大学英语翻转课堂，正是信息技术环境下大学教学改革逐步深化、信息技术与大学英语课程深度融合的必然结果。[1]

（二）信息技术是大学英语翻转课堂有效实施的前提和保障

国外翻转课堂的理论构想和实践尝试早已存在，但是未能兴起和发展，一个重要的原因便是当时缺乏信息技术的支持。唯有进入信息技术迅速腾飞的 21 世纪，在教育信息化水平大幅提高的时代背景下，翻转课堂的概念才真正被提出来，并迅速成为世界教育领域研究的热点。具体到大学英语教学，大学英语翻转课堂的课外自主学习与传统意义上的学生预习最明显的区别便是信息技术的介入。大学英语翻转课堂之所以能"翻转"的前提条件是具有一定自主学习能力的大学生完全可以在课下完成令人满意的"先学"，而若要使学生课下"先学"成为可能，一个重要的前提便是以微视频为代表的丰富的数字化学习资源。另外，基于网络平台和移动互联技术的课下生生、师生互动也对保障翻转课堂的质量和成功实施发挥了重要作用。

三、大学英语翻转课堂中的信息技术应用

基于大学英语教学侧重语言能力和综合文化素质培养的教学目标及翻转课堂的理念，大学英语翻转课堂不仅强调课堂讲授与课外练习的时空交换，更强调教学活动的合理设计。在大学英语翻转课堂中，课堂用来专注于人与人的输出型交互活动，而知识的输入、学习任务的完成则由信息技术辅助学习者课外自主完成。因此，笔者认为以大学英语翻转课堂的不同环节为切入点，讨论信息技术服务于大学英语教与学的具体策略对于指导教学实践具有针对性强和可操作性好的特点。

---

[1] 王汉英，胡艳红，徐锦芬.美国康奈尔大学外语教学观察与思考[J].教育评论，2015（7）.

（一）课前：创建微视频引领学生先行自学

大学英语翻转课堂的教学范式，要求大学生在课前先行自主学习，而自主学习的重要依托，除规定教材外便是教师利用网络平台发布的自主学习材料，其中最核心的部分则是教师预先设计并创建的微视频。微视频短小精悍，融PPT讲解、影视教学、在线自测等教学元素为一体，可以快速集中学生注意力，激发学习兴趣，刺激探究心理，顺利完成知识传递的任务。

在本环节，教师首先要依据对学生学习特点与需求的分析，结合教学目的，设定教学目标，并通过层次化和细化使其明确、具体，明确界定哪些是课前必须达到的目标，哪些是课中需要达到的目标。其次要有针对性地选择教学内容，设计评测题库并制作教学微视频。

微视频的制作要符合微课程设计的理念与原则。首先，要时间短，一般长度为15~20分钟；其次，要有针对性，要以教学关键内容和知识点的呈现为主体，以大学生的认知特点与水平为出发点，尽量减少如背景音乐、教师头像等因素干扰；再次，要尤其关注视频的画面与声音质量，这一点可以通过选择安静的录制环境、高质量的视音频设备和录屏软件来保障；最后，要考虑微视频播放的兼容性，尽可能用通用性好、软硬件平台要求低的视频格式。

微视频的来源可以是教师从网上找到的"成品"或"半成品"，然后根据自己的教学需求加工而成，如中国国家级精品课程、大学公开课、爱课程等都提供了大量可借鉴和利用的资源。不过笔者更要提倡教师自己制作。首先，随着数字视音频技术的发展、录屏软件功能的不断完善，视音频制作越来越便捷，容易上手，而且教师制作教学视频的过程既是对课程内容进一步深化和熟悉的过程，更是品尝信息技术服务于教学所带来的乐趣与成就感的过程，有利于教师信息技术水平的可持续提高。

（二）课中：创设情境营造课堂交互氛围

基于明确内容的真实场景的课中师生、生生语言输出交互，既是促进大学生英语能力提高、实现对课前所学知识内化吸收的关键一步，也是激发大学生的语言学习兴趣与情感、培养大学生自主与合作学习能力的重要环节。因此，教师应在教学目标的引领下，设法激励和引导学生勇于发言，大胆展现自己的学习成果。但是，在教学实际中，由于学生的个性差异与学习水平的不同，冷场、跑题的情况时有发生，而且易出现越是成绩好的学生越勇于表现，越是成绩差的学生则越"冷眼旁观"的两极分化。

在本环节，教师首先可以通过科学利用 PPT、WPS、E-book 等教学软件制作教学课件，并合理运用多媒体投影、一体机、电子白板等多媒体展示设备，清晰、扼要地呈现出用于课堂交互的话题或具体的输出任务；同时，这也为学生自主、合作与探究性学习成果的展示提供了平台。其次，教师还可以通过信息技术的多媒体处理功能，如音乐播放、画面呈现、视频或动画演示等手段营造激励学生勇于交互的情感氛围。另外，教师也可以通过对智能的手机创新应用，如成立基于微信群平台的学习合作小组，对完成课堂交互任务出色的学生给予红包奖励等教学游戏活跃紧张的课堂气氛，鼓励性格相对内向的学生踊跃参与到课堂教学的交互当中来，从而提高课堂教学的质量和效率。

（三）课后：任务导向的资源提供与技术支持

任何一种语言的学习，都需要长时间的积累才能有所提高，单凭有限的而且还在不断被压缩的大学英语课堂教学是远远不够的，因此学生的自主学习尤为重要，特别是在大学自主学习时间相对充足的情况下尤其如此。自主学习能力是在长期的自主学习中锻炼和培养起来的。因此，教师一方面必须提高教学效率，将有限的课堂教学时间充分高效地用到学生的有效学习上；另一方面除了通过设计、创建微视频引导学生课前自主学习外，还要有设计真实、符合学生语言水平的输出任务，并引导、督促学生课后通过自主、协作的方式来完成，以培养学生的自主学习能力。学生在完成语言输出任务的过程中，教师需要为其提供有针对性的输入材料和适当的输出帮助，并对学生的任务完成情况进行及时反馈。

基于该环节的教学要求，信息技术应用应侧重于以学生的学习任务为导向，提供资源和技术支持。首先，海量的网络学习资源一方面为教师针对特定的语言输出任务，为学生提供具体输入材料的支持带来了极大的便利，另一方面也为学生的课后自主学习提供了可能。不过，同样是提供学习资源，这里并不同于课前以微视频为核心的学习资源的提供。前者是基于教学目标和课程内容的知识传递，后者则是针对具体输出任务的资源支持。其次，随着移动互联网技术的成熟，特别是微信群、QQ 群、视频聊天等功能的出现，使教师可以轻松地创建移动学习社区，从而为课下生生之间、师生之间构建了即时交流和沟通的平台。在这里，教师可以实时关注学生的任务完成情况，并及时给予指导和反馈；学生之间也可以随时随地地交流、协作以共同完成输出任务，更重要的是所有人都可以平等地参与交流、分享和激励，进而教学相长，相互促进形成积极向上的学习氛围。最后，大数据和云计算技术的成熟，则使教师对学生任务导向的课下自学的指导更方便、快捷，更有针对性，更能以人为本。

大学英语翻转课堂既是对教育部颁布的《教育信息化十年发展规划 (2010—2020 年)》积极响应，也是大学英语教学改革顺应教育信息化时代背景的必然结果。大学英语翻转课堂的成功实施离不开对信息技术科学、合理的运用，因此大学英语教师应正确理解信息技术之于翻转课堂的重要性，努力提高自身的信息技术应用能力与意识，进而助推大学英语翻转课堂的具体实践。

第四节　信息技术在大学英语智慧教学中的应用

信息技术推动下的智慧教育成为信息时代全球教育改革的"方向标"，智慧教学是基于信息化、全球化和协同创新与知识融合的全新教学模式。智慧教学在分析教育大数据的定义内涵、实践范例、发展趋势的基础上，创建了学习者、教学者、研究者、管理者、教育资源与服务提供者等多方参与的"智慧"教育生态，使更多外语教学者和学习者能够受益，帮助高校推动教育与信息技术的深度融合。

一、"微课"与"翻转课堂"教学模式应运而生

随着信息技术的发展，学生获取信息的资源与渠道不断增加，教学模式和教

学设计也面临变化，亟须创新，主要表现为从课堂知识传授、课下练习巩固的学习模式转化为信息化环境下的探究式学习模式，"微课"与"翻转课堂"才应运而生。"微课"与"翻转课堂"教学是集自主学习、探究性学习、移动式学习、多模态混合式学习为一体的灵活教学模式。

传统大学英语课程从"教师课堂信息传递"到"课后学生内化吸收"，以语言表层知识点的记忆复制为教学目标。"微课"与"翻转课堂"意味着教学流程的重构，教师从课程的"讲授者"转为"创设者"，通过微课或慕课形式，来优化自主学习环境，为学生提供课前自学音频视频与在线辅导；通过有效提问促进课堂交流与评判性思维加工。仅以语言技能见长的教师，面临知识结构的更新挑战，需提升计算机信息技术素养、多模态立体化教学设计能力、跨学科通识知识、在线评估反馈能力等。学生从"语言知识的被动吸收者"转为"语言素养的主动建构者"，通过基于任务或项目的探究式学习，充分吸纳来自教师、课件、网络的多渠道给养，促进语言技能与高阶思维能力的互补增长。习惯应试、题海教学的大学生，面临学习目标、观念与学习偏好的转变挑战，从单一的文字输入到音视频多维加工，需培养自我管理监控能力、自主性、合作能力。

二、大学英语智慧教学测试系统

智能教学、深度学习、知识搜索和虚拟现实是信息时代高等教育的必然选择和外语人才培养的必要条件。例如，在外研社主办的 2016 年"外研社杯"全国英语演讲、写作和阅读大赛中充分运用了人工智能、大数据、移动端等互联网元素，人工智能辅助赛事成为现实。此届大赛将线上学习平台延伸到移动端，提供备赛课程、赛前训练和线上专家指导和备赛交流群，基于云计算、机器学习和大数据分析，通过强大的信息反馈和数据统计功能，提供内容评阅、数据反馈等技术支持，提高选手的答题效率和评阅质量，同时还为学生提供自习方案、为教师教学提供策略依据及科研数据支持。赛后，选手和学校还可以继续使用 Unipus账户，体验丰富的英语测试和海量题库，进行阅读和写作训练、检测英语水平，以练促学、以测促教，将英语学习持续进行下去。

智慧教学在给大学英语教学带来新机遇的同时，也带来了新的挑战。面对如何使智慧教学发挥更有效的作用以得到更广泛和全面的实践，一些高校建设了智慧教室、转变教育理念，有机融合教学内容与能力实践；同时引入 iTEST 3.0 大学外语测试与训练系统用于减轻学校测试压力，通过对教学数据的多维度处理践行"以测促教、以测促学"。例如，中国矿业大学已经连续四年使用 iTEST 3.0 进行校本英语水平考试，系统的自建题库功能、机考客户端的安全稳定防作弊的特点、一键导出考试统计数据的便利，为考试提供了有力保障，同时还节约了试卷印刷、人工阅卷、人工成绩统计的成本。在该届大赛中，外研在线自主研发的测评系统提供了稳定可靠的技术支持和专业优秀的内容把关。iTEST 3.0 大学测试与训练系统，为选手和参赛学校提供赛事支持、成绩评阅、数据分析功能，使赛事体验更加流畅。

三、外语智慧教学训练系统

在信息化时代，面对高等教育在国家需求、国际竞争环境、教育资源等方面的重要变化，高校外语教育智慧教学顺应了国家发展的大势，外语智慧教学需要利用设备智慧，发挥教师智慧，增进学生智慧。U 校园正是以此为基础，全面升级、全新起航的"智慧教学云平台"，提供教学决策所需要的引导与帮助，满足高校混合式教学模式的需求，以实现学习分析技术在教学实践领域的实用功能。"U 校园"横跨教、学、测、评、研、服务等方方面面，用 iLearning 等全方位自主学习体系来加强学生综合语言运用能力，U 讲堂、iResearch 等丰富深入的教研支持服务教师终身发展，将技术完全融入教育过程，构建良性循环的和谐教育信息生态。教师通过"U 校园"移动端，收集学生学习数据，根据不同学生的学习差异选择适当的评价方式，并制定出不同层次的评价目标，采用定性评价和定量评价相结合的方法，科学地反馈教学成果，最终让学生得到不同程度的提高和进步。

在外语学习的大数据背景下，来实现"智慧教学"的有效途径之一是 iWrite 2.0 大学英语写作教学与评阅系统平台的开发，iWrite 2.0 采用链语法和有监督的机器学习相结合的方法，从语言、内容、篇章结构及技术规范四个维度对选手的文章进行机评，同时结合人评，提供全面分析，有效提升写作能力。在 iWrite 2.0 中设计了阅读、写作和分析三个模块，其中阅读模块正是基于对语言理解能力的考量。iWrite 2.0 系统提供的阅读库支持教师根据材料难度、题材等进行筛选，进而选择最符合教学需求的文本语篇。此系统对作文语言和内容的评估也充分考虑了"读后续写"的独特性，对文章内容切题性和连贯性的考查，可以视为针对这一题型的个性化评阅方案。iWrite 2.0 对英语写作教学的辅助作用以及在该过程中产生的大量动态、真实的数据资源，能够为高校英语写作教学及研究提供了新的方向与方案。此外，iWrite Corpus 秉持"库学同源、库研同步、库教同理"的理念，通过对高校、专业、使用场景、作文题型等多类元信息进行动态追踪及监测，为中国英语教学提供基于智慧教学的形成性评价和真实语言用例及数据支持。iWrite 2.0 和 iWrite Corpus 不仅能为研究者所用，也能帮助英语教学者进行有据可依的教学实践。

智慧胜于知识，大学英语智慧教学为外语教学带来了机遇与挑战，课堂在重构，智慧教学的教育新格局逐渐形成。然而无论时代如何发展，智慧教学的本质是培养人才，智慧教学与智能学习实质探讨的是新技术如何促教、促研、促学，智慧教育新生态将推进我国高等外语教育的深刻变革。

第五节　信息技术在多模态体验式大学英语教学中的应用

计算机网络和移动互联技术的应用为基于多模态体验式大学英语教学提供了可靠支撑。本节通过教学实践表明，结合网络自主学习平台、微信平台、数字化教学平台，整合传统教学与网络教学的优势，多模态化的体验式大学英语教学培养了学生综合能力及自主学习能力，提高了大学英语教学的有效性。

一、多模态英语体验式教学

多模态英语教学顾名思义就是在教学活动中整合应用文本符号语言、图像语言、肢体语言、声音语言等，开展英语教学活动和交际活动，创设多模态英语学习条件，确保能为实现英语教学活动的优势互补，在丰富教学资源的作用下引导学生对相关英语知识的自主建构，提高学生对英语知识的学习能力和系统感知能力，促进学生英语语言综合能力的培养。

在多模态话语教学理论指导下开展的英语体验式教学，重点是为学生创设体验学习的条件，使学生能融合自身体验、感悟等理解和记忆英语知识内容，完成对英语知识的建构。一般情况下，在大学英语教学活动中，多模态体验式教学活动的开展将真实语言情境的创设作为依托，让学生在特定的情境中针对英语知识进行自主探究，完成个性化学习，对碎片化知识实施合理的应用，在挖掘学生潜能、激活学生学习体验感的基础上，使学生能在英语学习活动中形成对英语知识的客观系统认识，最大限度地彰显大学英语教学价值，为学生的发展做出正确的指引。[1]

二、信息技术支持下的多模态体验式大学英语教学

在信息技术的支持下对多模态体验式大学英语教学活动进行改革创新，可以加强对多媒体技术和网络平台的优化利用，构建集成网络教学、课堂教学、课外教学"三位一体"的教学模式，对学生实施多元化的教学指导，确保学生在深入探究的基础上，能逐步获得良好的学习体验。

课堂面授多模态体验式教学。在课堂面授环节，按照多模态教学的需求，教师要综合应用电子课件、音响设备、投影设备等来开展教学活动，在设计多模态教学情境的基础上，创设体验式教学环境，使学生能在英语学习和探究中获得良好的学习体验，增强学生对英语知识的理解程度和应用能力，展现多模态体验式教学模式在实际应用方面所表现出的优越性。

---

[1] 王汉英，胡艳红，徐锦芬.美国康奈尔大学外语教学观察与思考 [J].教育评论，2015（7）.

如在《E 时代大学英语：读写教程》中 A Better World 开展教学活动过程中，教师就可以将其中的阅读篇目涉及的内容以投影的方式展现给学生，并为学生安排口语交际方面的教学任务，让学生以小组为单位，选取自己感兴趣的点，模拟情境交际活动，如以 Young people strive to build a better world./Environmental protection can create a better world. 等为主题，在教学指导环节，要求学生在情景模拟活动中将情境特色、语言应用方面的特点充分地展现出来，来获得理想化的角色体验，最大限度地提高学生学习英语知识的效果，使大学生应用英语知识解决实际问题的能力得到有效的培养。

网络平台多模态体验式教学。随着信息技术在教育领域得到广泛的应用，在大学英语教学活动中，教师可以对网络教学平台进行开发，对网络资源实施有效的整合，进而为多模态体验式教学活动的开展提供相应的资源保障，为学生创设语言输入和输出的条件，提高学生针对英语知识进行自主学习和自主探究的基础。在合作探究活动中，教师可以以网络教学平台为依托，设置教师提出教学问题，学生跟帖回复、讨论的教学模式，提高学生对英语知识的理解和应用能力。

如教师在 Friends forever 主题单元教学活动中，教师应选取有关友谊方面的电影 The Sisterhood of the Traveling Pants 作为切入点，引导学生对电影加以观看，并随之按照电影内容提出问题，具体可以为了对学生的语言表达能力加以锻炼，要求学生在回复和讨论环节以情景模拟的方式讨论电影内容、探究电影所表现的情感，并简单地抒发自己对 Friends forever 的理解和认识，确保在多模态英语教学活动中学生能获得理想化的体验，使大学生的英语综合学习能力得到显著的提升。

课外延伸多模态体验式教学。大学英语教学涉及的内容相对较为广泛，在信息时代背景下，教师在开展英语教学活动的过程中，加强对信息技术的应用，还应该注意对课堂教学内容进行适当的拓展和延伸，并设计多模态体验式英语教学活动，使学生能在直观的体验中获得相应的学习理解和感悟。在针对课外延伸教学加以探究的活动中，教师可以按照信息时代的影响组织学生参与到英语歌曲演唱直播、原创配音、微电影创作等方面，在多感官刺激的作用下为学生创造理想化的学习和体验平台，确保学生能参与到完善系统的课外英语学习体验活动中。

如在对 Family love 单元进行学习的过程中，教师就可以设计让学生以 Family love 为主题参与微电影创作的教学体验活动，如选取 The greatness of the mother in the family，the silent contribution of the father in the family，and the mutual help of the brothers and sisters in the family. 为主要内容进行创作，确保学生在学习环节能将视觉感受、听觉感受、读写感受等融入英语学习，学以致用地表达自己的思想和情感，真正做到应用英语知识解决生活中存在的直接问题，也对学生的多元化英语学习能力加以培养。

三、信息技术支持下多模态体验式英语教学效果观察

对信息技术支持下多模态体验式英语教学活动的情况进行观察和分析，发现在应用多模态体验式教学活动中，大学英语教师应全方位加强对信息技术的应用，对教学活动进行创新，为学生创造多模态体验式学习环境，为激活学生的个性化学习体验，使学生能在特殊的教学情境中进行系统的探究，发现学生课堂学习态度得到了明显的改善。超过 89% 的学生认为信息技术支持下的多模态体验式教学趣味性和生动性更强，能使他们集中注意力完成对英语知识的学习；92% 左右的学生表示在多模态体验式英语教学活动的作用下，他们英语综合素质明显增强，并且其中 98% 左右的学生表示他们英语交际能力的强化效果最为明显，基本上能使用英语知识完成简单的跨文化交流，学生的毕业竞争力得到了良好的培养。

综上所述，观察信息技术支撑下多模态体验式大学英语教学活动的基本情况，能看出教学质量得到了明显的提高，学生学习能力、学习兴趣等得到了全方位的培养，有助于循序渐进地提高英语教学活动的整体质量，对于辅助高校人才培养工作的创新化开展起到相应的推动作用。

第六节　基于信息技术的网络平台在大学英语教学中的应用

一、信息技术支持

所谓的信息技术 (Information Technology，缩写 IT)，是指对信息进行管理和处理所采用的各种技术的总称。信息技术包含信息的收集、存储、处理、传播和应用，信息技术体系包含基础技术、支撑技术、主体技术和应用技术。现代教育信息技术的应用，改变了教学环境和学习环境，同时也改变了教学模式和学习模式。笔者所在学校就引进了信息技术下的 2 个网络平台以辅助外语教学。

立体化的网络教学平台——朗文交互英语平台。朗文交互英语学习平台是北京文华在线教育科技股份有限公司面向高校提供的一个在线开放课程公共服务平台。该平台是以培养英语学习者综合技能为目的的网络平台。该平台由几个模块组成。教师根据教学需求选择适合教学所需的模块。教师可以对学生的学习进度查询、布置和批改作业，学生可以自主地进行分级测试、课程学习、访问教师资源等。为了达到培养学生实际交际能力，该平台提供主要以现实生活为主题的听力、视频、口语学习资料，提高学生的学习兴趣和参与度。这一平台充分利用现代化信息技术创设了大学英语自主学习环境，帮助学生最大限度地自主学习英语。朗文交互英语是一套支持 PC 和手机等终端运行且基于真实语言场景训练听说等英语综合应用能力的英语教学领域的互动教材。

中国最大的英语作文写作平台——批改网，是一家通过语料库系统和云计算技术的英语作文自动在线批改服务的网站。其主要特点是学生作文提交后立刻给出成绩和总体评价，同时对单词、语法、搭配中存在的问题提出相应的修改建议，学生则根据批改网的提示来自主修改作文，多次提交，直至满意为止。批改网的功能表现在：能逐句指出其中的词汇、语法、搭配等错误。因为批改网是基于语料库对错误进行判断，所以能识别中式英语；能依据教师设置相似度比例对学生作文进行相似检测；还能依据关键词匹配度进行判断学生作文是否切题。

二、基于信息技术的大学英语教学

《大学英语课程教学要求》的教学模式中指出"各高等学校应充分利用现代化信息技术，采用新的以现代化信息技术为支撑的教学模式培养学生个性化发展，提高自主学习能力。"这为大学英语教学改革提供了依据和机会。我校于2014年率先在吉林省乃至全国农业院校实行大学英语教学改革，压缩了基础英语学时增加模块选修和实践课程，以达到培养学生语言的运用能力。为了支持外语教学改革，学校于2016年引进了朗文交互英语平台和写作批改网。

交互英语教学平台在英语教学中的应用。交互英语学习平台提供了朗文交互英语课程，该课程是一套以真实的语言场景来训练学生的听、说、读、写、译的综合能力。包括四个等级的教学内容，主要以视频形式来体现，包括口语、听力、语法、词汇、发音、阅读、写作以及小测验等。根据大学英语课程设置，基础英语需要四学期完成，因此，每学期增加了同一级别的交互英语课程内容。教师根据课程的难易度设置完成的时间，要求学生课后在规定的时间内自主完成，每个学期内完成朗文交互不同级别的每个部分并且每个部分测试成绩达到60分。除了利用平台提供的学习内容外，教师根据学生的不同需求适当增加教学内容，例如四级模拟题、考研英语材料、雅思材料等以实现个性化教学，做到因材施教。

批改网的使用流程比较简单：教师首先登录批改网，打开布置新作业的窗口，布置作文题目，写明要求，设定完成时间，点击确认布置，系统自动生成相对应的作文号；教师把生成的作文号发布到QQ群，学生按作文号即可找到教师布置的作文题目，并进行写作答题。因大学英语教学改革后学生每学期授课为12周，每周布置1篇作文，一学期可以完成12篇作文，这是传统教学中教师人工批改所完成不了的任务，因为每位教师承担180名左右学生的教学任务。因此，批改网的应用给学生提供大量的写作训练机会，同时也可以减轻教师人工批改作文的繁重工作。批改网在培养学生的自主学习能力以及提高学生英语写作能力方面发挥了巨大作用。

总之，在信息化时代，充分利用各种信息手段辅助外语教学是必要的。交互英语教学平台能提供真实的生活场景，激发学生对外语学习的极大兴趣，使学生在生动活泼的氛围中愉快而主动自主地学习。公共外语学生的英语水平参差不齐，写作能力更是高低不同，学生写作积极性不高，教师批改作文费时费力，写作是师生双方都头疼的事。但随着科技的迅速发展，批改网为学生提供了写作平台，学生可以根据提供的关于词汇、语法、句子、篇章等的综合评价进行反复修改，用来提高英语写作能力。总之，基于信息技术的网络平台在大学英语教学中的运用，能够提高大学英语的教学质量。

第七节　信息技术结合 PBL 教学模式在大学英语教学中的应用

一、信息技术应用于大学英语教学的时代背景介绍

信息技术应用于教育教学指的是以多媒体材料（文字、图像、影像、声音等媒体组合）和互联网通信技术为代表的数字化工具进行学习的新型手段。随着近几十年来该技术的迅速发展，它已被广泛地应用到各种专业科目的教学当中，特别是在英语教学领域，其开创性的教学手段为其广大英语学者带来学习上的很大帮助。通过图像、声音等媒体手段，信息技术可以将抽象枯燥的学习内容形象化，使晦涩难懂的教学材料变得生动起来。学习的材料不再局限于教科书，学习过程也从以读写为主转向为以听说为主。学生可以利用丰富的课外学习资源来搜索获取适合自己的学习内容，可以有针对性地选择听、说、读、写、译五项基本技能中的某一个方面来进行专项训练。而教师的教育方法也会更加灵活，可以不受时间和地理位置的限制，给学生全方位的指导，从而提升教学效果。

二、PBL 教学模式在大学英语课程中的运用特点

PBL 教学模式在大学英语教学中的运用特点体现在"教"与"学"两个方面，

由师生之间的相互活动一起构成。以教师为核心的传统教学模式中，教师是所有课堂教学活动的中心，课堂教学模式单调乏味，学生只是被灌输知识，缺乏能动性、创新性。然而此教学模式虽然方便让教师安排、掌控和监视课堂教学秩序，却掩埋了学生作为认知主体的作用以及发挥他们运用语言的能力养成，特别不利于培养学生的实际语言运用能力，还不能培养学生的团队合作能力。与此相对的是，PBL 教学模式将学习内容分解为一个个的问题，并以此作为激励学生学习的手段，而不是重复学习之前学习过的背景知识。

　　PBL 教学模式有利于教师进行教学反思。通过小组汇报，教师能够更加直接地了解学生的学习情况。及时分析教学过程中学生提供的信息反馈，教师能迅速调整教学策略，引导学生积极地参与到解决问题的过程中。

　　PBL 教学模式可以创设自然真实的语境，有利于学生语言能力的养成。大学英语教师可以按照学习内容和目标设置多种多样的、有效的、引导的、有扩展性的问题，也可以设置与学习主题相关的，与实际情形相似的学习环境。由问题来激发学生对知识的好奇心，从而引导学生运用背景知识，来探索问题中所包含的相关知识。

　　PBL 还能培养学生的创新思维能力。PBL 是促进新思维的催化剂。它能让学生形成问题定义、信息搜集、材料归纳、大胆假设和验证等方式，来提高学习者的元认知发展和自主学习能力；它还可以通过解决各式各样的"疑难杂症"，使学生不断发展创造性思维，从而培养学生的批判思维能力。

　　PBL 教学模式还能使学生养成积极的情感。由于 PBL 教学模式要运用到"小组"的活动模式，因此有利于培养学生的团队合作精神。在项目完成过程中，小组成员之间必须要进行良好的互动，并且互相勉励。学习者要能够通过小组成员间的合作，相互讨论、相互学习，从而建立起协作与互勉的组员关系，与此同时，在良好的合作氛围和学习环境中不断构建自己的知识体系。

　　PBL 教学模式有利于学生养成学习的自主性。在 PBL 教学模式中，教师的主要职责从向学生灌输知识转变为监督和促进学生的自主学习。学生能够自己选择学习内容，以及如何去学习。在理解和回答教师设置的问题的过程中，学生能够培养自学能力。

三、信息技术同 PBL 教学法相结合运用的实现过程

伴随着信息技术的不断进步和互联网技术的逐渐成熟，现代化教育理念在当代大学教育中实施了近 20 年。各种信息技术不断应用在大学英语课堂教学当中，各种现代化的教学设备在当代大学校园里面也得以配备和完善。PBL 教学模式会用到讨论法、展示法、演讲汇报法等教学方法。此外，PBL 教学模式更多地依靠学生自主学习，这就要求学生能够利用先进的信息检索技术，选择合适的信息搜索工具，进行材料的收集和学习。教师在使用现代化的技术手段方面有很多典型的实例，比如使用"美篇"做教学或实习报告，使用"云班课"管理课堂教学，使用"批改网"批改学生作文等。学生使用信息技术方面包括利用互联网搜索引擎查找与问题相关的材料、利用在线课程自主学习课程相关知识，利用终端 APP 接收教师布置的作业并完成和上交作业等。

为了使信息技术同 PBL 教学法充分结合，达到更好的教学效果，教师和学生要遵照以下原则：

首先，大学英语课程的教师必须深入发掘教材并制订出完整的授课计划。教师在正式上课前一定要编写好教案，在有条件的情况下可以通过说课来了解课程教学性质、目的、任务和要求。PBL 教学模式下的教案编写必须围绕问题展开。教师备课时最重要的任务就是在于给学生设置合理的项目和问题。

其次，大学英语课程所选用的教材要规范化。要组织外语类专业人员编制一套满足大学英语课程教学标准的教材。目前，外语教学与研究出版社推出了一系列适用于不同学习阶段的标准化教材，并且专门针对信息化教育技术的特点和要求制作出了相应的数字化课程，使得教师和学生能够使用手机终端学习传统纸质教材上面的内容。外语教学与研究出版社的做法顺应了信息化教学的发展趋势，满足了众多高等院校大学英语课程的教学需求，扭转了信息技术英语教学次序混乱的局面。

再次，大学英语学习情况的评价手段和方式也需要规范化。随着课堂教学的

翻转式转变，大学英语教学过程中越来越要求重视对学生的形成性评价，这也是现代教育发展的趋势。PBL教育模式要求学生充分参与到自主学习的过程中来，因此教师对学生的学习过程的监督成为达到教学效果的必经之路。形成性评价的目的就是在于关注学习者的个体化差异的同时，对学生的学习过程进行有效监督。

最后，信息技术结合PBL教学模式的有效运用在于建设一支高质量的师资队伍。教师要具备现代化的教学理念，从心理情感上积极推动信息技术运用于大学英语的教学改革。教师要能够调动学生的正向学习动机，尽量排除非智力因素对学生学习的不利影响。教师要能够尊重学生个性，因材施教，充分调动学生的主动性，激发学生潜能，让学生在解决问题过程中积累经验，增长能力。

四、信息技术结合PBL教学法对大学英语教学的深刻影响

（一）信息技术运用于大学英语教学过程中的显著特点在于方便使用大量的外部资料和信息源进行备课

多媒体教学工具的使用使教学媒介对知识和信息的传递过程充满趣味性、灵活性、方便性和交互性。运用多媒体技术手段更能调动学生的注意力和学习积极性。例如，教师向学生教授主题为英语天气预报的内容，通过利用多媒体课件，学生可以通过动态的天气变化图像深刻记忆表示天气的英语词汇和句型，同时课堂上也会更加生动有趣。教师在备课时可以考虑布置一个任务，让学生查找英汉不同语言在播报天气时的差异，从而使学生进一步了解跨文化交际中语言的实际运用。

（二）运用网络资源优化英语课堂教学过程

经过充分备课，在课堂上就能使用多媒体教学设备向学生显示图像、文字、声音以及影像作品等教学内容，以此丰富课堂教学，提升教学效果。教师在上课之前要把主题、学习材料、问题、作业和解析等做成多媒体课件，等到上课时，教师只需按顺序播放做好的幻灯片就可以将多种多样的教学材料出示给学生。通过播放提前准备好的幻灯片能为课堂节省板书时间。此外，多媒体教学素材的运

用为学生提供了更加逼真的语言学习环境，更提高了学生练习口语的频度。[1]

（三）现代心理学发现，学习过程不仅是一个接受已有知识的过程，更是一个发现和解决问题的过程

学生学习能力存在着差异，因此，给学生更多的自由学习空间更有利于学生自身成长，而信息技术则给有着差异能力的学生提供了自由学习的条件。网络给学生提供了丰富多样的学习资源和学习渠道，也给学生提供了充分使用语言的实践机会。

（四）信息技术能够提高教师利用信息技术进行教学资源扩充的能力，从而使课堂内容得到扩展，提高了信息的使用效率

课堂上的教学内容不再是局限于传统的枯燥的平面式题材，而是转为立体的、直观的、生动形象的三维立体空间结构。教学向微观和宏观层面进一步拓展，延伸了学生的思维空间，使抽象变为具体，逻辑思维迈入更高的层面。学生的语言能力受制于思维的发展，而良好的课堂情境为学生思维的发展创造了有利条件。

总之，教师运用多媒体技术提高了自身教学能力，学生使用信息技术实现了差异化教学。PBL 依托于信息技术的发展使教学效果进一步得到提升，使教育技术的运用和教学质量的提高进入一个良性循环。

---

[1] 秦秀白，张凤春. 综合教程 3(学生用书)[M]. 上海：上海外语教育出版社，2014.

参考文献

[1] 张学新 . 对分课堂：大学课堂教学改革的新探索 [J]. 复旦教育论坛，2014，12（05）：5-10.

[2] 汪军，严晓球 . 近十年来国内大学英语大班教学研究综述 [J]. 教育学术月刊，2011，（11）.

[3] 杨淑萍，王德伟，张丽杰 . 对分课堂教学模式及其师生角色分析 [J]. 辽宁师范大学学报（社会科学版），2015，（09）.

[4] 张博雅 . 对分课堂：大学英语课堂教学改革的新思路 [J]. 科学与财富，2015，（12）：803.

[5] 柴霞 . 基于"对分课堂"的大学英语教学实践与反思 [J]. 曲阜师范大学公共外语教学部，2016，（06）.

[6] 谷陟云 . 罗杰斯的人本主义教育观及其启示 [J]. 现代教育科学，2009,（10）.

[7] 陈爱梅 . 人本主义学习理论及对外语教学的启示 [J]. 辽宁师范大学学报，2003，（3）.

[8] 王健芳 . 外语教学改革与实践 [M]. 南京：南京大学出版社，2016.

[9] 孙立伟 . 对数字化教学资源建设的思考 [J]. 新西部，2007，（12）.

[10] 杜振华 . 英语资源服务器及网络语音室的安全管理与实践 [J]. 中国科教创新导刊，2008，（1）.

[11] 李建萍 . 分级教学背景下大学生英语词汇学习策略的调查和分析 [J]. 黄山学院学报，2009（8）：99.

[12] 汤闻励 . 非英语专业大学生英语学习"动机缺失"研究分析 [J]. 外语研究，2012（1）：70-75.

[13] 李艳，韩文静．孔子因材施教的教育思想简述 [J].吉林教育学院学报，2008（4）：39.

[14] 刘英爽．国际化背景下大学英语跨文化教育的瓶颈和转型趋势 [J].教育评论，2016（7）：115-117.

[15] 王汉英，胡艳红，徐锦芬．美国康奈尔大学外语教学观察与思考 [J].教育评论，2015（7）：165.

[16] 秦秀白，张凤春．综合教程 3(学生用书)[M].上海：上海外语教育出版社，2014.

[17] 王允庆，孙宏安．高效提问 [M].高等教育出版社，2016.

[18] 赵周，李真，丘恩华．提问力 [M].北京：电子工业出版社，2018。

[19] 陈帅．大学英语修辞教学探析 [J].湖北经济学院学报，2013(9)：203-205.

[20] 王涛．大学英语教学中英语修辞格的赏析 [J].英语广场，2013(10)：97-99.

[21] 夏俊萍．浅析大学英语教学中学生修辞鉴赏能力的培养 [J].吉林工程技术师范学院学报，2014(10)：68-70.

[22] 张红．浅谈英语教学中常见的修辞 [J].教师，2015(11)：47-48.